中小企業の
SWOT分析

会計事務所とつくるノウハウと実例

アールイー経営　馬服一生税理士事務所　山之内素明税理士事務所
嶋田利広／馬服一生／山之内浩明　[共著]

マネジメント社

まえがき

　SWOT分析については、昔に比べれば中小企業でもかなり一般化してきており、インターネットでも書店でも情報が入手しやすくなった。しかし意外なことに、SWOT分析のみを取り扱った書籍というのはあまり見当たらないようである。いろいろな経営管理手法の一環や問題解決手法の一部として紹介されているが、情報量はあまりに少なく、「SWOT分析に興味をもった人たちにもっと具体的なマニュアルが必要ではないか」と考えたのが、本書を執筆することになったきっかけである。

　今まで、一般の中小企業、税理士事務所、病院、介護施設などを中心に数十の企業または部門でSWOT分析のお手伝いをしてきて感じたことは、「SWOT分析は頭の整理」だということである。
　実際にSWOT分析をしていて「今まで思いもつかなった奇策やアイデア、戦略」が出ることなど、そう頻繁にあるものではない。むしろ、「やるべきことがスッキリと分かった」、「今まで考えていたことは間違ってなかった」等の答えのほうがよく返ってくるのが現実である。だから、「頭の整理」なのだと考える。
　実際に、この「頭の整理」は、経営者を行動に駆り立てるための十分な裏付けになることも多い。私たちもそうだが、誰かのアドバイスやSWOTのような論理的な分析で「自分の考えが間違っていなかった」と確認できれば、今まで躊躇しながら優柔不断な行動をしていても、途端に積極性が出てくるものだと思う。そういう意味で、このSWOT分析は、中小企業にとって有効な分析手法のひとつであろう。

本書では、中小企業に適したSWOT分析を詳細に説明している。中小企業では、「SWOT分析」という戦略分析手法の存在自体を知らない経営者や幹部が多いかもしれない。したがって、そういう人たちに「気付きの機会」を与える役割をもった人が会計事務所の職員であると本書では定義している。
　私たちは10数年にわたって会計事務所へのコンサルティングを通じてさまざまな教育やアドバイスを行ってきた。そのなかで中小企業の経営者は、会計事務所に対して「経営計画を中心とした支援業務」をますます求めているように感じる。それも、ただ数値のみの収支計画だけではなく、その根拠や明確な具体策を具備した「経営計画書」に対するニーズである。それほど、中小企業では、収益の悪化に伴う生き残り策の模索や、事業承継時期を迎え、事業判断(このまま続けるべきかどうか)について混迷をきたしているということであろう。

　私たちは、4年前から福岡において九州各地の延べ40の会計事務所の所長や幹部、職員と一緒にスキルアップのための研修会を開催してきている。同じ福岡に拠点を置くISOと人事指導の専門機関である㈱九州経営サポートセンターとともに、「経営実務監査セミナー」、「付加価値実践塾」と名称は変えながらも、現在でも毎月1回の研修会を実施している。
　その研修に参加している事務所の職員になかにも、徐々にではあるが、「SWOT分析の支援」や「経営計画書の指導」を行う職員が増えてきており、1社でも経験した職員はさらに他の顧問先へと横への広がりもできているようだ。先に経験した職員の経験談や作成した経営計画書の実例を見て、他の参加者が刺激を受けて、さらに行動するという動きも垣間見られるようにもなった。
　実際に企業の倒産廃業が増え、実質法人数が減少していくなかで、会計事務所も一事業所として生き残るために何らかの差別化をしていかなくてはならない。私たちは、各会計事務所の差別化の突破口とし

て、「SWOT分析」、「具体策のある経営計画書」を提案している。関与先中小企業のために、少しでも多くの会計事務所がこの突破口を実践してくれれば、多くの経営者が救われるのではないかと考えているからだ。

　本書は、宮崎延岡の馬服一生税理士事務所の馬服一生所長、鹿児島の山之内素明税理士事務所の山之内浩明副所長にもご協力をいただき、各種の提案をしている。実は両事務所とも、「SWOT分析」と「具体策のある経営計画書」を自ら経験している会計事務所であり、その経験を元に、関与先へ付加価値のある提案や指導をしている実績をもっている。

　今までは、「SWOT分析」や「具体策のある経営計画書」はどちらかというと、経営コンサルタントが行う領域であり、会計事務所ではそこまで深入りしないところのほうが多かったように思う。しかし今では、そこまで指導することが会計事務所に普通に求められている時代になっている。逆に、そのニーズに対応できない事務所の関与先は、対応している事務所へと移行していく傾向がさらに顕著になっていくのではないだろうか。

　実際に、金融機関も融資先のサービスの一環としてSWOT分析を支援する時代である。中小企業のいちばん近くにいる会計事務所にその機能が求められるのは自然の流れであろう。

　本書では、少しでも分かりやすい進め方やフォーム、具体的な実例をご紹介している。SWOT分析を導入するための一助になっていただければ幸いである。

2009年11月

　　　　　　　　　　　　　　　　　著者を代表して　嶋田利広

Contents 中小企業のSWOT分析
——会計事務所とつくるノウハウと実例

I 中小企業のためのSWOT分析とは……………………………… *11*

1 中小企業に必要なSWOT分析と経営計画書作成 ——— *12*
1)「経営計画指導」の大きな転換が求められる会計事務所 *12*
2) SWOT分析指導が会計事務所に求められている背景 *14*
3) 経営計画シミュレーションソフトに活用するSWOT分析 *17*

II 中小企業の効果的なSWOT分析の進め方……………………… *21*

1 SWOT分析とは何か？ ——— *22*
1) 中小企業でのSWOT分析指導の感想 *22*
2) SWOT分析とバランススコアカード(BSC) *26*
3) SWOT分析の特徴(4つの窓、4つのゾーン) *29*
4) SWOT分析は自社のレベルにあった対策を出す *31*

2 SWOT分析の作業の流れ ——— *33*
1) 作業のフローチャート──10のプロセス *33*
2) 司会者次第で結果が大きく変わる *33*
3) SWOT分析スケジュールを立てる *37*
4)「脅威」、「機会」を出すための事前準備 *38*
5)「弱み」、「強み」を出すための事前準備 *44*
6) 集合検討会で4つの窓とクロス分析の検討 *47*
7) クロス分析から、優先順位を選ぶ *50*
8) クロス分析後の体系図を整理 *51*
9) 単年度の実行計画を文書化 *52*
10) SWOT分析対策を収支と連動させる *53*
11) 会議で定期チェック *54*

- 3 SWOT分析検討会での「脅威」「機会」「弱み」「強み」の整理 ―― 56
  - 1) SWOT分析検討会の流れ　56
  - 2) 進行と書記のポイント　58
  - 3) 「脅威」の整理と意見の捻出方法　60
  - 4) 「機会」の整理と意見の捻出方法　61
  - 5) 「弱み」の整理　64
  - 6) 「強み」の整理　65
- 4 クロス分析による戦略・戦術の出し方 ―― 67
  - 1) クロス分析の窓のそれぞれの意味合い　67
  - 2) どのクロス分析ゾーンに入るかは自由　72
  - 3) 「強み」「機会」の積極戦略　73
  - 4) 「弱み」「脅威」の致命傷回避戦略　78
  - 5) 「弱み」「機会」の改善戦略　80
  - 6) 「強み」「脅威」の差別化戦略　81
  - 7) クロス分析中に出る新たな「脅威」「機会」「弱み」「強み」　83
  - 8) クロス分析対策から優先順位決め　84
- 5 ビジョンと単年度の経営具体策の整理（体系図の整理） ―― 86
  - 1) 分かりやすく説明するための「見える戦略ツール」　86
  - 2) 体系図の作成方法　87
- 6 単年度対策の実行計画化（期限と担当の明確化） ―― 93
  - 1) 四分の一半期実行計画落し込み表　93
  - 2) 四分の一半期実行計画落し込み表の記入方法　94
- 7 SWOT分析から具体策と収支対策を連動させる ―― 99
  - 1) SWOT分析後の対策はなるべく計数に反映させる　99
  - 2) 対策ごとにある程度の予算を設ける　102
- 8 チェック＆コントロールで実行度アップ ―― 103
  - 1) ケジメある会議でPDCA　103
  - 2) 第三者が司会をする会議　104
  - 3) 四半期実行計画落し込み表のチェックの仕方　105

III　SWOT分析による具体策立案の実例　……………………… 107

1　SWOT分析の結果、生まれた事業計画（印刷業の場合）──── 108
1）SWOT分析の特徴　*108*
2）体系図のポイント　*112*

2　介護施設のSWOT分析が経営計画に反映された事例 ──── 115

3　住宅会社のSWOT分析で差別化と行動方針が定まった事例 ── 119

4　商品別SWOT分析の進め方 ─────────────── 124
1）商品別SWOT分析は商品開発に直結する　*124*
2）経営SWOT分析、商品SWOT分析から事業継続の判断を行う　*128*
3）撤退縮小計画の進め方　*129*

IV　会計事務所がSWOT分析を提案指導するノウハウ ………… 135

1　会計事務所がSWOT分析指導するメリット ───────── 136
1）「真の顧問先のパートナー」としてのスキルとコミュニケーションづくり　*136*
2）方針・戦略の整理　*138*
3）融資用事業計画書、利益計画書の根拠の整理　*138*

2　会計事務所でまずSWOT分析と経営計画書を経験 ───── 140
1）会計事務所SWOT分析の進め方　*140*
2）SWOT分析後の事務所の経営計画書作成方法　*146*
3）所内経営計画発表会の体験　*148*

3　顧問先内でのSWOT分析の進め方 ─────────── 157
1）小規模事業所では職員が司会、書記を行う　*157*
2）事前のSWOT分析勉強会を実施　*158*

4　ヒアリング・質問の仕方でまったく異なるSWOT分析結果 ── 165
1）参加者の意見を上手に出させる「コーチング質問」　*165*
2）表現、内容を聞きながら入力（記述）する　*167*
3）クロス分析では抽象的な表現をしない（具体的表現を考えさせる）　*167*
4）司会は「外部要因」を常にヒントにする　*168*

- 5　顧問先を集めたSWOT分析研修会で具体化 —————— 169
  - 1）SWOT分析の提案を行うタイミング　169
  - 2）SWOT分析研修会の開催概要　170
  - 3）SWOT分析研修会のメリット　172
  - 4）年間2回はSWOT分析または経営計画書作成1日研修を企画　174

V　会計事務所のSWOT分析と付加価値実践実例 ……………… 175

- 1　SWOT分析から経営計画までの取り組み①馬服税理士事務所 —— 176
  - 1）なぜ、SWOT分析と所内経営計画書を作成したか？　176
  - 2）SWOT分析と所内経営計画書作成のポイント　177
  - 3）戦略的な取り組み事例　182
- 2　SWOT分析から経営計画までの取り組み②山之内税理士事務所 —— 184
  - 1）なぜ、SWOT分析と所内経営計画書を作成したか？　184
  - 2）SWOT分析と所内経営計画書作成のポイント　186
  - 3）戦略的な取り組み事例　188

※本書の執筆分担
　第Ⅰ、Ⅱ章：嶋田利広、馬服一生、山之内浩明
　第Ⅲ、Ⅳ章：嶋田利広
　第Ⅴ章-1：馬服一生
　第Ⅴ章-2：山之内浩明

I

中小企業のための
SWOT 分析とは

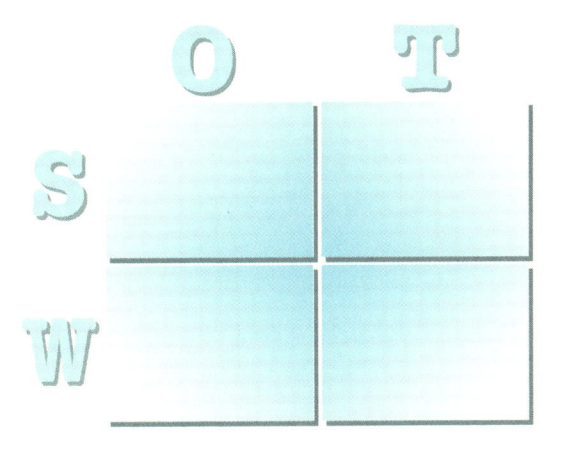

1 中小企業に必要なSWOT分析と経営計画書作成

1）「経営計画指導」の大きな転換が求められる会計事務所

職業会計人として中小企業にどう関わっていくべきか

　会計事務所の顧問先である中小企業の多くは、100年に一度と言われる世界的な不況のなかで大変な苦境に立たされている。70％が赤字と言われる中小企業にとって、この逆風は、まさに「泣きっ面に蜂」の様相である。そのような出口の見えない経営環境下で、多くの中小企業の経営者がこの先どう舵取りしたらよいのか、日夜悩んでいる。

　中小企業のホームドクターであるべき職業会計人は、このような企業経営者に対して、どのように関わり、どういう機能を果たし、どのようなサービスを提供すべきだろうか。

　中小企業が会計事務所に求めるニーズは近年ますます多様化している。今までのような税務・会計を中心とする支援業務だけでは、満足してもらえないことは容易に推察できる。だからといって、自分たちの領域を超えた、いわゆる経営コンサルタントが提供するような専門的な経営サービスを、個々の顧問先企業に提供できるノウハウをもった会計事務所は限られている。では、他の会計事務所との差別化を図るためにはどうすればよいのか。

　それは、「所長を含む職員が、日常業務のいわゆるルーチンワークに取り組み、それが顧問先企業から評価を得られる仕組みを見つけ、事務所の業務として標準化する」ことに尽きるのではないだろうか。

　多くの会計事務所がそうであるように、関与先企業が求めているものは分かっているのに、その課題解決の具体策を見出せないまま今日

まできてしまっている。そしてこの数年、顧問先の業績悪化や廃業・倒産が徐々に目立つようになってきているのである。

具体策のある経営計画書の作成を！

　ところで、中小企業は「計画的経営が弱い」と言われている。いわゆる、「どんぶり勘定」にとどまっている企業が多いのだ。そのようななかで、多くの会計事務所は、これまで数値を中心とする経営計画書の作成においては、それなりに支援を行ってきたはずである。ただし、「数値の具体的な根拠を確認しながら作成したか」というと疑問符が付きそうだが……。

　本来なら数値を作るための「具体策」が明確になっているから、経営者も幹部も計画的に行動し、それが成果につながるのである。「具体策のない数値目標だけの計画書」では、全社が一丸となってモチベーションを高め、それを維持して行動し続けることが困難なことは経験的に誰にでも分かるはずだ。

　しかし、「具体策のある経営計画書」を、会計事務所の職員がルーチンワークの一つとして作成支援し、しかもモニタリングまで行うことが果たしてできるのだろうか。

　実は、会計事務所の悩みはそこにある。多くの会計事務所は、「頭では分かっているのだが、できない」のが現実なのだ。

　ただ、「具体策のない利益計画書」では、顧問先である中小企業の経営者は価値を感じてくれないのも事実である。経営者が価値を感じない数値だけの計画を、会計事務所主導で作成しても、それが「使えない」のであれば、「評価されない」のは当然のことである。

　このような状況においては、「具体策のある経営計画書」の作成支援が、会計事務所にできるかどうかではなく、「できるために最大限の努力をしなければならない」ことが急務のように感じられる。つまり、選択の余地がない状況にまできているのではないだろうか。

SWOT分析を通じて経営改善に取り組む

近年、会計事務所に対する経営者のニーズは、『より具体的に』、『より現実的に』、そして『より親身に』と変わってきた。経営計画書にしても、「損益計算書」、「貸借対照表」、「キャッシュフロー計算書」、「資金繰り表」の延長線上で、将来の「不確定な見通し」や「願望」を根拠とする経営計画書では役に立たない。

では、どうすべきか——。結論は簡単である。

顧問先に提案する前に、まず自らの事務所で所長と職員が「具体策のある経営計画書」の作成を経験すればよいのだ。

本書には、会計事務所が自ら作成した事務所経営のための経営計画書の作成ノウハウや実例が豊富に紹介されている。特に、中小企業の経営戦略とその具体策を導き出す「SWOT分析」の具体的なノウハウを整理し、会計事務所が実践してきたことや顧問先への提案の仕方等をマニュアル化して示している。

SWOT分析という経営分析手法を通じて、中小企業の経営者と会計事務所の職員が一緒に考え、具体策のある経営計画書を作成していくのである。ともに経営改善に取り組むことで、会計事務所が経営者の大きな支えにもなっていくことが期待できるのではないだろうか。

2) SWOT分析指導が会計事務所に求められている背景

SWOT分析とは何か？

一般的なSWOT分析は、バランススコアカード(BSC)という戦略スキルを使用するための前段の分析と理解していることが多いようである。

SWOT分析の詳細は第Ⅱ章以降で具体的に説明するが、概括的に言えば、自社を取り巻く環境である外部要因を「脅威」と「機会」に分

	外部環境分析	
	(3) 機 会 (Opportunity)	(4) 脅 威 (Threat)
内部要因分析　(1) 自社の強み (Strength)		
(2) 自社の弱み (Weakness)		

図I-1　SWOT分析における4つのマトリックス

類、また社内事情である内部要因を「弱み」と「強み」に分類し、その4つのマトリックスで整理することである（図表I-1参照）。

それぞれの頭文字である、「S」（強み：Strength）、「W」（弱み：Weakness）、「O」（機会：Opportunity）、「T」（脅威：Threat）を並べて「SWOT」と言う。それぞれの窓の交差する箇所を「クロス分析」と言い、そこから戦略や具体策を導き出していく。

このSWOT分析により、戦略や具体策が「自社の実情に沿って」、「見やすく」、「分かりやすく」、明確になる。

SWOT分析により現状を認識し、組織全体で共有化する

会計事務所が顧問先の経営計画書の作成を支援するとき、前年と対比しながら今期の売上・原価・経費のそれぞれにつき科目別に数値を積み上げ、作成していくのが通常である。

そのとき、売上確保のための対策、原価や経費の支出根拠や目的等を検討し、戦略的観点を考慮しながら、具体的にその妥当性を綿密に検証し、数値化しなければならない。言い換えれば、その数値を実現するには、何らかの具体的かつ明確な行動目標が生まれなければなら

ない。

　そこでの重要なポイントは、企業が目指す中期的な方向に、行動目標と数値が合致していることである。つまり、中期的な方向性や短期的な具体策が反映された売上や原価・経費が、「経営計画書」に反映されなければならない。

　「なぜ、そういう中期計画になるのか」、「事業構造の転換を図るための投資や必要経費をどう見ているのか」、「減らす経費、増やす経費の選択は対策と合致しているか」、「その数値を実現するための社内体制をどう変えていくか」等、「数値の根拠」を、SWOT分析を通じて企業と一緒に考えることが、事業構造の転換や生き残り策の実現につながっていくのである。

　中小企業の多くは、その戦略検討の部分を外部のコンサルタントに依頼できるような余裕がないというのが実情だ。そういう企業に対して、戦略検討の機能を担うことが会計事務所に求められているのだ。

　多くの経営戦略ツールや分析手法があるが、SWOT分析は、そのなかでも会計事務所が取り組みやすい、比較的ハードルの低いツールではないだろうか。

　SWOT分析を活用して、現状を正確に認識し、それを組織全体で共有化する。これをもとに具体的な経営戦略を検討し、明確にしていく。このようなプロセスを経て、経営計画書を作成・支援するという役割を、会計事務所が業務のスタンダードにしていけば、企業からの信頼感の向上や、金融機関からの高い評価につながっていくものと考えている。

3) 経営計画シミュレーションソフトに活用するSWOT分析

　会計事務所では、顧問先へのサービスの一環として、決算や経営計画シミュレーションシステムを使って、企業の業績予想から収支予測、資金需要予測までのシミュレーションを行っているところも多い。
　各社のシステムやソフトで異なるが、経営計画シミュレーションシステムを使えば、借入金返済などから必要利益の策定や変動費からの必要利益などの算定、そしてそれに沿った資金繰り計画までかなり詳細に情報提供ができるようになっている。なかには、予算実績分析や期末業績の予測、またその過程で必要な販売計画の見直しや固定費対策、必要実行策を検討した後の決算対策など、リアルタイムな業績管理もできるシミュレーションシステムもある。言わば、経営者が正しい判断をするための「数値面のナビ」のようなものだ。

SWOT分析でシミュレーションを行う

　こういう経営計画シミュレーションシステムの業績予想とその後のPDCA（Plan・Do・Check・Action）はシステムに沿って進められるが、その業績を出すための「戦略や具体策」に関する行動面の裏付けがどうしても必要になる。ただ、その分野は言葉であり、アナログである。システムとして連動させるには限界もある。また、業績に関する予実績の検討に必要不可欠な資料は揃うが、アナログである行動計画面での検討会の資料までは網羅できない。
　そこに、このSWOT分析から生まれる各種の戦略や「具体策のある経営計画書」の必要性が生まれるのではないだろうか。
　例えば、ある顧問先で、将来のために設備投資の必要性が生まれ、その設備を使った戦略や具体策がSWOT分析で検討されたとする。だいたいの設備投資額が決まれば、経営計画シミュレーションシステムを使ってそのまま収支予測や資金繰りまで難なくシミュレーションで

きるだろう。
　すなわち、SWOT分析による戦略の確定や具体策があるから、必要設備投資が生まれるのである。さらに、SWOT分析には「致命傷回避・撤退縮小」などの対策を出すクロス分析がある。
　実はこういう対策の多くは、減収計画が必然だったり、今は売上を生まないのに先に経費のみ発生する「戦略投資」などがある場合が多い。単年度の黒字ばかりに目がいっているようでは実現不可能な対策も生まれてくる。
　SWOT分析からの対策が入ったシミュレーションを行えば、その結果、どう資金不足や赤字になるかが分かり、経営者自身も相当な危機感を覚えるだろう。そして、生半可な覚悟ではなく、SWOT分析の戦略や具体策に真剣に取り組むことになる。

　本書でもSWOT分析の結果、「撤退縮小しか生き残りの方策がない」と判断された場合の進め方を紹介している。もし、その必要性があれば、その結果はシミュレーションの業績予想や資金繰りにも反映されるので、現実的に「本当に撤退縮小ができるのか」、「今は回避策で凌ぐべきではないか」などの判断の材料にもなる。
　このSWOT分析から導き出されることが、多くの事務所が活用している経営計画シミュレーションシステムのデータの根拠につながっていく。したがって、SWOT分析とシミュレーションは、経営者にとってなくてはならない存在になるはずである。
　また、本書ではSWOT分析から戦略や具体策のPDCAの進め方についても詳細に触れている。
　会計事務所が企業の決算や経営計画シミュレーションによる予実績をチェックする際、数値面での達成状況のみというケースが多い。
　もし「具体策の行動計画」に対するチェックや検討までできれば、企業への貢献も大きく進展するだろう。なぜなら、多くの中小企業では、業績回復しない原因の一つに「決まったことを決まったように行

動しない」ことが挙げられるからだ。数値面のチェックだけでなく、実行具体策のチェック機能の一部を会計事務所の職員が担うことが、本来の「黒字化支援」につながるはずだ。

　そういう意味で、会計事務所にはアナログ面のチェック機能も求められるのである。

II 中小企業の効果的な SWOT 分析の進め方

1 SWOT分析とは何か

1）中小企業でのSWOT分析指導の感想

SWOT分析に定型のものはない

　SWOT分析は、企業の評価のための戦略ツールである。1960年代、アメリカのスタンフォード大学の研究プロジェクト（アルバート・ハンフリー氏らによる）で開発された。50年以上の歴史をもつ企業の分析手法である。

　筆者がSWOT分析を本格的にコンサルテーションに活用するようになったのは、今から10年くらい前からである。経営分析手法の実例の多くは上場企業やその業種に影響力ある大企業が中心であり、中小企業の実例は少なかったように思う。しかし、先駆的な経営コンサルタントを中心に、その有効性を企業経営に導入する動きが活発になり、現在では、多くのSWOT事例が出ている。

　一口にSWOT分析と言っても、その結果や進め方には、「こうでなければならない」といった決まったルールはなく、指導する人によってバラバラというのが実状である。現在では、筆者も多くの中小企業にSWOT分析の指導や協力を行っているが、「複雑にすればするほど、中小企業には適応しない」と感じることしきりである。

　インターネットの検索エンジンで「SWOT分析」と入力すると、いろいろなサイトがSWOT分析の進め方を提唱しており、そのなかでも、外部要因分析や内部要因分析でも何を出すべきかの目次が整理されて、一見「SWOTを進めるための親切な書式」のようである。

　しかし、実際にSWOT分析を進めていくと、特に中小企業では「型

にはめた議論」では、いろいろ複雑に考えてしまい、自由な意見が出ないことが多い。書式やルールにあまりに縛られて「ここでは、このカテゴリーに当てはまる要因を出してください」等と限定すれば、このような作業に慣れていない中小企業の経営者や幹部は、「こういうことを言っていいのかな？」などと余計なことを考えてしまう。結果的に一般論や抽象論しか出ないことも多くなる。

　したがって、筆者がSWOTを指導支援する場合は、「意見に枠をはめない」ことをいつも留意しているつもりである。

　「意見に枠をはめない」と議論が百家争鳴状態になり、「収拾がつかないのでは」、という懸念もあるが、おそらくそれは杞憂に終わる。なぜなら、型どおりのSWOT分析で優等生的な具体策が出るよりも、稚拙であっても、こだわった対策や、しっかり議論した対策のほうが、経営者は満足するし、そこで決まった対策の実行率も上がっていくのを経験的に知っているからだ。

　ただ最近では、SWOT分析時の意見を活発化させるために、参考になるチェックポイントは事前に学習してもらうようにしている。その詳細なチェックポイントについては後述する。

経営者の頭を整理するのも会計事務所の仕事

　今まで、数十社のSWOT分析導入のお手伝いをさせていただいた。今までのケースから言えば、「眼からウロコの対策」が出たケースよりも、「思っていたことが体系的に整理された」ケースのほうが圧倒的に多い。

　この話をすると、「思っていたことが整理されただけでは、SWOT分析の効果はなかったのでは？」と考える人もいる。しかし、実はそれだけでも経営者から見れば、大きな前進なのである。なぜなら、中小企業の経営者は、いつも頭では考えていても、「文書化」、「見える化」をしていないので、体系的に頭に入っていないことが多い。経営者が頭のなかでイメージし続けるためには、記憶に頼る言葉よりも、視覚

に頼る「見える化」で戦略や具体策を絵や体系図にしたほうが効果的である。どこかで理論的に辻褄が合っていなければ、戦略に対する執念が途絶えてしまうからだ。

　筆者が会計事務所の職員にこのSWOT分析を指導するように教育しているのは、「経営者の頭を整理してあげるのも、会計事務所の仕事である」と定義しているからである。こういうことを通常の監査時や面談時に経営者と職員が話す機会が増えれば、必ず「認められる職員」になるし、自身のスキルアップにもなり、大きな自信にもつながっていく。

　また最近では、融資先の事業計画に具体性をもたせるために、顧客を招いた「SWOT分析セミナー」を開催している地域の金融機関も増えてきた。行員にSWOT技法を教育して、中小企業の経営者と戦略や具体策を一緒に考えるサービスを行うところも出てきた。

　このように、「SWOT分析」を多くの中小企業の経営者へ理解してもらおうという傾向は、非常によいことだと思う。

SWOT分析は経営に参加する動機付けになる

　筆者はSWOT分析をする際に「大企業のマネはダメ。とにかく複雑にしないこと」といつも言っている。SWOT分析の結果、「何らかの大胆な戦略を打ち出すことが必要なのではないか」と考えがちで、奇抜性のあるアイデアに走ることがけっこう多いからだ。人材力も資金力も、組織力もない中小企業が、そうそう簡単に奇抜な戦略を実行できるとは思えない。中小零細企業には理想的で崇高な戦略よりも、発想の転換は求められるが、「手が届く対策で実行されやすい行動内容」こそが必要なのである。

　また、「戦略」と言うと、これまたむずかしくなってしまうので、「具体策」と表現を変えてもよいだろう。実際に筆者が経営指導した小規模の鮮魚チェーンでのSWOT分析では、販売戦略ではなく、販促手法や店内マネジメント、接客の内容などのおよそ戦略とは言えないも

のも生まれている。しかし、その鮮魚チェーンでは、SWOT分析の結果生まれた具体策どおり実行し、業績向上の基本パターンが見えるようになった。このように、理想的で崇高な戦略が目的なのではなく、実行できる対策が重要なのである。

　SWOT分析は企業の方向性を明示する分析手法である。ところが、その検討過程において、経営者だけでなく後継者や幹部も参加して一緒に議論することで、最高の後継者教育・幹部教育になることがもう一つの大きなメリットとなる。

　多くの中小企業経営者が、「幹部が指示待ち族で困る。自ら考えて対策を実行してほしいのに」と愚痴をこぼす。考えてみれば、「言われたとおりの行動だけしなさい」と習慣的に指示していれば、当然「考えない幹部」が生まれるのは、自明の理である。しかし、このSWOT分析の検討過程に参加し、意見を言い合うことで、「なぜ、やらねばならないか」という動機付けにつながっていくから、実に有効なのだ。

SWOT分析で「なぜ、やらねばならないか」を考える

　今までコンサルティングさせていただいた企業に共通することがある。それは「問題の本質や原因を深堀せず、即具体策の決定に入る性急な組織では、継続力がない」ということだ。

　「なぜ、やらねばならないか」という動機付けの本質を確認する間もなく、実行策に入るものだから、それ以上の思考力が停止するために起こる現象である。トヨタ生産方式ではないが、「なぜを5回繰り返せ」のように、いつも原因追究の手を緩めない組織なら、一度決まったことはしっかり脳に印刻され、行動の継続につながるのだ。

　ところが、問題の原因・真因が脳に印刻される前に、具体策に入ると、その具体策自体が「絶対にやらねばならない」と意識に入らないので、長続きしないのである。SWOT分析の検討過程では、必然的に原因検討など「問題の深堀」の議論が起こるので、「なぜ、やらねばならないか」の動機付けには効果がある。

SWOT分析は決して万能の手法ではないが、使い方さえ間違わなければ、非常に有効な手法だと言える。

2) SWOT分析とバランススコアカード（BSC）

バランススコアカードの流れ

　SWOT分析は、もともとバランススコアカード（以下、BSC）という経営戦略実現のための評価システムのツールとして使われることが多い。SWOT分析から生まれた戦略をどのように展開していくか、を知るためにはBSCの基本的な流れについて理解してもらったほうがよいかもしれない。

　BSCは1992年、ハーバード大のキャプラン教授らによって考案された。欧米の有名企業で導入が進んでおり、日本でも第一人者と言われる横浜国立大学の吉川武男名誉教授達のグループによって普及が進んでいる（『最新バランススコアカードがよく分かる本』藤井智比佐著　秀和システム）。

　BSCは、「ビジョンや戦略を実現するために4つの視点（財務の視点、顧客の視点、内部業務プロセスの視点、学習成長の視点）で重要な目標をバランスよく定め、それを評価（スコアリング）していく、マネジメント手法」と言われる（『バランススコアカードの使い方がよくわかる本』松山真之助著　中経出版）。その流れについては、図II-1を参照していただきたい。

　まず第1段階として、SWOT分析によって「ビジョン」や「戦略」などの方向性を分析する。この分析により、第2段階のビジョンやビジョンを実現するための方針、戦略目標が確定される。

　第3段階で、各ビジョンや戦略を4つの視点（財務の視点、顧客の視点、内部業務プロセスの視点、学習成長の視点）に振り分ける。

　第4段階では、各戦略の実現の成否を決める要素、重要成功要因

```
┌─────────────────────────────────────────────────────┐
│ 第1段階    │ 自社の現状分析…SWOT分析              │
│    ↓       │  ・外部要因分析                        │
│            │  ・内部要因分析                        │
│            │  ・クロス分析                          │
│ 第2段階    │ ビジョンとそれを実現する戦略の確定    │
│    ↓       │  ・ビジョン、目指す方向性の確定        │
│            │  ・戦略および戦略目標の決定            │
│ 第3段階    │ 4つの視点で各戦略目標を作成           │
│            │  4つの視点: 財務の視点                 │
│            │             顧客の視点                 │
│            │             業務プロセスの視点         │
│            │             学習と成長の視点           │
│            │  → 各視点で戦略目標の整理              │
│ 第4段階    │ 各視点で戦略実現の具体的な目標を作成  │
│    ↓       │  ・各視点毎重要成功要因(CSF)           │
│            │  ・各視点毎重要評価指標(KPI)           │
│            │  ・各視点毎ターゲットの決定            │
│            │  ・各視点毎アクションプラン            │
│ 第5段階    │ 実行とチェック&コントロール           │
│            │  ・目標管理の導入                      │
│            │  ・継続的な評価チェック                │
│            │  ・再アクションプラン                  │
└─────────────────────────────────────────────────────┘
```

図II-1　バランススコアカードの流れ

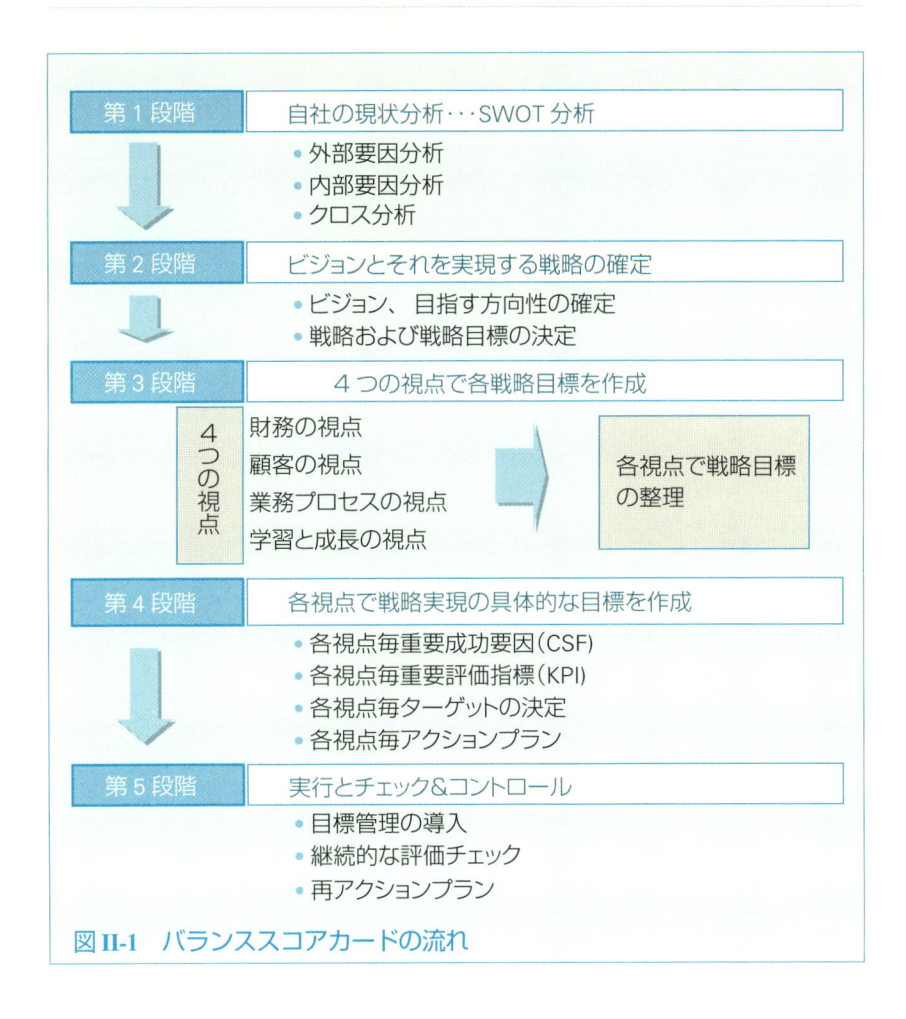

　CSF(クリティカル・サクセス・ファクター)と呼ばれる具体策を決める。CSFはSWOT分析のクロス分析で出ているケースが多い。このCSFの実行度を図るための尺度として重要評価指標KPI(キー・パフォーマンス・インディケーター)を作成する。
　KPIは、単なる量的な数値目標だけに留まらず、プロセスを指標化し、より緻密な行動目標として設定する。例えば、CSFが「新規開拓

の件数を30％拡大」だとすれば、KPIはその新規開拓が実現するための「訪問回数」や「キーマン面談時間」、「見積書提出件数」、「上司同行件数」などになっていく。すなわち、新規開拓に直結する行動プロセスを指標化しているのが、KPIである。

実は筆者は、このBSCの考え方を認識する前から「行動別基準指標」という表現を使い、KPIの一部を目標化する指導も行っていた。表現は違っても目標達成の管理手法には共通の仕組みが多いものだ。

KPIが決まれば、各数値のターゲットを決める。このターゲットが目標である。先ほどのプロセス指標や量的目標を設定するのである。数値目標が決まれば、それを実現するためのアクションプランを5W2H（誰が、何を、どこに、なぜ、どのように、いつ、いくらで）で決めていく。

本書でもこのSWOT分析後に「四分の一半期実行計画落し込み表」として、行動の「見える化」を紹介しているが、その部分は同じ目的である。

目標が決まり、実行プランが決まれば、第5段階として「実行とチェック＆コントロール」ということになる。特に中小企業では、せっかくよい決め事や目標を設定しても「決めっ放し」でチェックもされないケースも多く、また実行しなくても何のケジメもないこともままある。そこで、各目標をチームごと・個人ごとの目標管理に落とし込んで目標評価制度で評価したり、人事評価等への結果の反映が必要な場合もある。

ここで、「チェック＆コントロール」と表現しているのは、「単なるチェック」だけではダメということだ。アクションプランをチェックしたら、その実行度や状況変化に応じて、アクションプランの内容を変えたり、アプローチの方法を工夫するなどの調整がなければ、アクションプランが硬直してしまい、ほとんど形骸化するからである。

SWOT分析から「具体策のある経営計画書」への展開

　このような流れに沿ってBSCは展開されるが、最初の戦略を決めるSWOT分析が曖昧だったり、抽象的過ぎたり、また多面的な検証が不足していると、思い込みや偏った方向性、戦略に走りかねない。そうなると、その後の4つの視点ごとのCSFやKPIも変わってくるだろう。

　ということは、最初のSWOT分析次第で結果が異なることを考えれば、BSCで戦略実現と評価を行うにしても、SWOT分析から導き出されるビジョンや戦略、具体策がいかに重要かが容易に理解できるであろう。

　本来ならSWOT分析からBSCへと展開し、あるべき体系的な経営管理をすべきことは重々承知している。しかし本書では、まだそこまでのレベルに達しない中小企業を想定している。このBSCとしての仕組みを一部は使いつつも、SWOT分析から導き出される戦略や具体策中心の進め方のほうが取り組みやすいと考えて提案しているのである。そのため、戦略や具体策からアプローチし、ビジョンや経営計画を策定し、PDCA(プラン・ドゥ・チェック・アクション)を回す仕組みとなっている。

　まずは、本書で提案している「SWOT分析」から「具体策のある経営計画書」を中小企業の経営者が経験した後、さらに細かく戦略や目標設定の必要性を感じてきたら、本来のBSCへと展開されるケースが増えていくものと考える。したがって、SWOT分析から「具体策のある経営計画書」へと展開する仕組みは、BSCへ移行するまでの「準備ステップ」とも言える。

3) SWOT分析の特徴(4つの窓、4つのゾーン)

　SWOT分析の特徴を細かく見ていこう。SWOT分析では自社の経営に影響を及ぼす外部要因を「脅威」と「機会」に分けている。また、

自社の内部要因を「弱み」と「強み」に分けて、ポイントをそれぞれ箇条書きにする。

　自社ではどうすることもできない「外部要因」と自社の努力で何とかなる「内部要因」に分けて、それぞれ分析するのだが、いちばん大事なのは、例えば「機会」と「強み」のそれぞれのポイントを俯瞰して、どんな戦略や対策が必要かを整理する「クロス分析」である。

　クロス分析の詳細については後述するが、ここでは、次のように定義している。

> - 「機会」と「強み」が交差する対策
>   　→「資金も人も投入する積極的な攻勢ゾーン」
> - 「機会」と「弱み」が交差する対策
>   　→「弱みを改善してチャンスをつかむゾーン」
> - 「脅威」と「強み」が交差する対策
>   　→「強みを活かして差別化するゾーン」
> - 「脅威」と「弱み」が交差する対策
>   　→「致命傷回避・撤退縮小するゾーン」

　クロス分析にどういう課題や戦略、具体策を入れるかで、今後の展開が大きく変わってくる。単純な形式で課題を整理することが可能であるがゆえに、大企業だけでなく、自治体や病院、そして中小企業まで、その活用が広まったのではないだろうか。

　このように4つの枠に入れる分析手法は、SWOT分析に限らず、PPM（プロダクト・ポートフォリオ・マネジメント）分析、マトリックス分析など見た目にも分かりやすい傾向がある。どんなに複雑な分析を通じて有効な戦略を打ち出しても、それを使う側が分かりにくければ、宝の持ち腐れになってしまう。

　SWOT分析は、とにかく分かりやすく、課題解決の方向性が「見やすい」という点では、中小企業の経営者や幹部にも薦めやすいという

利点がある。

4）SWOT分析は自社のレベルにあった対策を出す

　数百に及ぶ業種があり、その代表的な業種についての今後の展望等は、ネットやメディアの情報やデータ、文献などから知ることができる。筆者もコンサルティングをする前には、知らない業界の基礎知識を得るために「業種別業界情報」、「業種別経営実務シリーズ」などを読んで、業界の課題や方向性を把握することがある。確かに、その業種の経営者や指導実績のある経営コンサルタントが書かれた書籍なので、参考になることが多々ある。しかし実際にその課題や解決策が、他の中小企業に合致するかといえば、ほとんどそぐわないことのほうが多いようだ。

　これは、経営個体のテーマは、業種テーマだけではないことを意味しており、解決策や重点具体策も、その企業特有でなければならないからである。業種が同じであればどんな企業も同じ戦略や同じ課題でよいのなら、その手のマニュアル本さえ読めばドンドン解決していくだろうが、現実はそううまくはいかない。だから、戦略を決める際にも、「業界のあるべき方向性」だけではなく、自社の内部事情も十分に考慮しなければならない。

　SWOT分析はそういう点でも、現実的な企業固有の事情にあった経営分析手法と言える。業界の大きなトレンドやマクロの動きには注意しても、それに翻弄される必要はない。なぜなら、SWOT分析は「例え、自社のレベルが低くても、自分たちで決める方針や戦略、具体策」が大事なのであり、自分たちにできる具体策こそ重要なキーファクター（鍵になる要素）だからである。

　大企業が業界のトレンドに沿って、ある方向に経営をシフトしているからといって、その真似や二番煎じを中小企業がしても、同じこと

ができるはずがない。また、詳しいマーケットデータがないから戦略分析ができないと考える必要もない。

　大企業・中堅企業ならいざ知らず、中小企業では、日常活動で感じている「感覚」こそが重要なことであり、細かいマーケットデータばかり出して戦略を議論しても、大手と大同小異の対策か、自分たちのフィールドの実態にそぐわない結果が出るくらいである。

　決して、データを否定しているのではない。「自分たちのレベルにあった戦略こそ、有効」だと指摘しているのである。

2　SWOT分析の作業の流れ

1）作業のフローチャート──10のプロセス

　図 II-2（次ページ）はSWOT分析の基本的な流れである。本来は、前述のように、このSWOT分析後にBSC（バランススコアカード）への展開を提案するケースもあるが、ここではあくまでも中小企業向けの「SWOT分析とそのチェック」に焦点を絞る。

　SWOT分析の作業では、検討開始から実行チェックの定期会議開催までの標準期間を、中小企業では3か月以内と考えている。準備や議論の手際がよく、早く進む分には問題ないが、SWOTの司会や指導を会計事務所職員やコンサルタントなどの第三者に委ねる場合は、ある程度の余裕が必要であろう。

　ただ、実行計画作成とそのチェックまでに数か月以上の期間はかけてはならない。それでは意識と集中度が希薄になり、せっかくSWOTの議論中に燃えていたモチベーションが時間の経過とともに萎えていくからである。

2）司会者次第で結果が大きく変わる

SWOT分析検討会の司会は誰でもできる？

　SWOT分析の検討会では、誰が司会をやっても最初からパーフェクトにできるわけではない。誰がやっても成果のある議論になるとは限らない。ここは正直、場数が大事だと感じる。確かに通り一遍の進め

1か月目実施事項

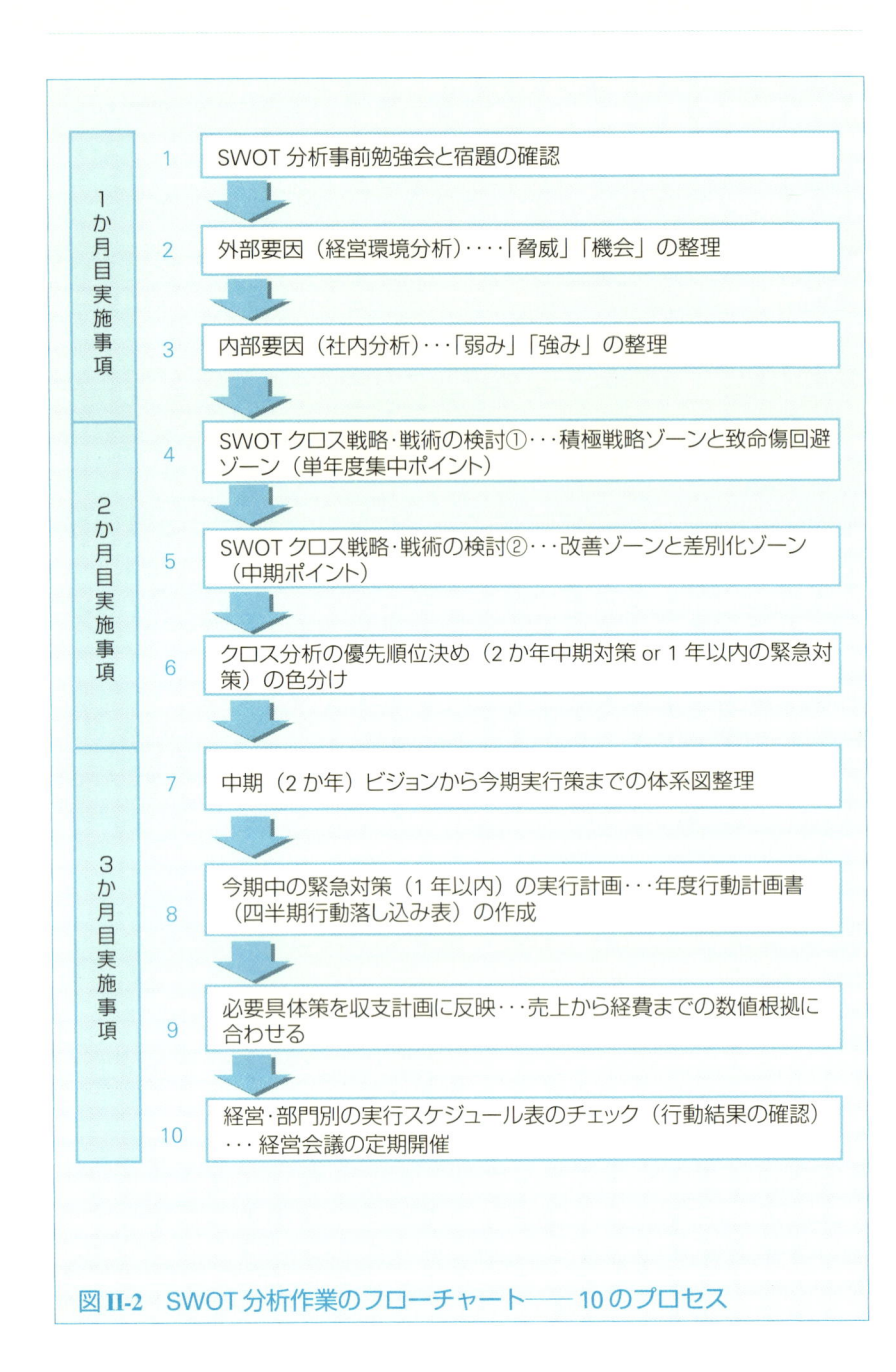

1. SWOT分析事前勉強会と宿題の確認
2. 外部要因（経営環境分析）‥‥「脅威」「機会」の整理
3. 内部要因（社内分析）‥‥「弱み」「強み」の整理

2か月目実施事項

4. SWOTクロス戦略・戦術の検討①‥‥積極戦略ゾーンと致命傷回避ゾーン（単年度集中ポイント）
5. SWOTクロス戦略・戦術の検討②‥‥改善ゾーンと差別化ゾーン（中期ポイント）
6. クロス分析の優先順位決め（2か年中期対策 or 1年以内の緊急対策）の色分け

3か月目実施事項

7. 中期（2か年）ビジョンから今期実行策までの体系図整理
8. 今期中の緊急対策（1年以内）の実行計画‥‥年度行動計画書（四半期行動落し込み表）の作成
9. 必要具体策を収支計画に反映‥‥売上から経費までの数値根拠に合わせる
10. 経営・部門別の実行スケジュール表のチェック（行動結果の確認）‥‥経営会議の定期開催

図II-2　SWOT分析作業のフローチャート —— 10のプロセス

方でも、何となくSWOT分析とクロス分析はできるものである。実際には、あまり経験のない会計事務所の職員にもこの司会機能をさせたこともある。

　したがって、最初はその指導については、会計事務所職員でもできる比較的小規模の企業から始め、自信をつけることが望ましい。その後、徐々に規模の大きい企業や戦略的な事業を検討している企業に広めればよいと考えている。

　会計事務所の職員でも、実際に不安で自信なさげに進めても、相手の経営者や幹部に答えさせれば、形にはなっていくものだ。クロス分析の戦略などを会計事務所の職員が実状をあまり知らずに得意がって言おうものなら、お叱りや反論を受けるかもしれないが、相手の意見を聴きだしながら行う検討会なら、コツさえ分かれば誰でも司会はできると言えよう。

SWOT分析検討会の司会のポイント

　司会者とはすなわち、SWOT分析の推進者であるが、司会者のどこに大きな差が生まれるかといえば、それは「質問力」に他ならない。「質問力」とは、言い換えれば「相手に考えさせるコーチング的な深掘り質問」と言える。これはどういうことか？

　SWOT分析の検討会では、参加者にフリーな意見を言わせるようにするが、要領を得ない意見もけっこう出てくる。それをそのまま、模造紙に記入したりパソコンに入力しても、後から見ると「何の意味かまったく分からない」ケースがある。最低でも司会者が理解できる表現に言い直させることが第一である。

　次に、一般論ではなく、具体的な固有名詞を出させることである。最初の4つの窓である「脅威」、「機会」、「弱み」、「強み」も、抽象論になってしまっては、その後のクロス分析もピントぼけを起こしてしまい、具体的な戦略や対策も生まれない。したがって、何回も相手に「それは具体的にはどういうことですか？」と食い下がらなければなら

ないのである。

　3番目は、意見が煮詰まって前進しないときの対応である。またイメージはあるのに、言葉にできないケースもある。そのようなときは司会者から「例えば、『機会』の〇〇と、『強み』の〇〇から、できる戦略はありませんか？」、「〇〇専務、営業部門では、脅威の△と弱みの□では、どういう方針でやっていますか？」などと、相手や答える内容を限定して質問することが求められる。

　4番目は、基本的にはフリー討議で進めるので、話が脱線したり、枝葉末節に入ってしまった場合の対応である。ただこれは、各窓の言葉の情報整理として聞くべきか、単なる脱線かの判断はむずかしいので、ある段階までは辛抱して聞くことが求められるだろう。かなりの時間を要するのなら、「本題に戻す」合図をしてもよい。すなわち、通常の会議司会者の運営能力が求められるのである。

　5番目には、参加者が考えやすいようなヒントを与えることも司会者にとっては重要な要素である。司会者は答えになるような意見や断定口調は厳に慎むべきだが、意見を誘うためにギリギリのヒントや考え方を出していくのは、円滑な運営方法になる。このヒント出しのレベルが場数に比例するのである。

　SWOT分析における検討会の司会というものは、端から見るのと自分がやるのとでは天と地の開きがある。

　「先生がSWOT分析のクロス分析の司会をしていて、私たちが意見を言っているときは、司会はそんなにむずかしくないような気がしていました。しかし、実際自分で司会を進めたら、相手の意見が止まって、私も止まって重苦しい雰囲気になりました。やるとけっこうむずかしいですね…」。これは、筆者が長年にわたって職員のスキルアップの指導させていただいている会計事務所の職員の言葉である。

　しかし、そんな職員も2社、3社と経験を重ねていくうちに、「らしくなる」から、誰でも慌てる必要はないのである（図II-3参照）。

```
┌─────────────────────────────────────────────────┐
│           SWOT 検討会を円滑にする基本              │
│                     ↓                           │
│      「相手に考えさせるコーチング的な深堀質問」      │
│                                                 │
│   1    司会者が理解できる表現に言い直させる        │
│                                                 │
│   2    一般論ではなく、具体的な固有名詞を出させる   │
│                                                 │
│   3    発言を求める相手や答える内容を限定して質問する│
│                                                 │
│   4    脱線しても辛抱してある段階までは十分に聞く   │
│                                                 │
│   5    参加者が考えやすいようなヒントを与える      │
└─────────────────────────────────────────────────┘
```

図 II-3　SWOT 分析検討会の司会のポイント 5

3) SWOT 分析スケジュールを立てる

　作業のフローチャート 10 のプロセスでも述べたように、SWOT 分析自体にあまり時間をかけてはいけない。3 か月くらいで仕上げて、即行動にもっていくようにしなければならない。

　スケジュールの立て方は、会計事務所職員が行う場合には毎月の監査の日程を中心に考えるが、それでは月 1 回しか作業できるチャンスが生まれない。そこで、できるだけ相手に考えさせたり、宿題を出したりするのだが、中小企業の経営者や幹部にはこの宿題を守らない人が多いのだ。SWOT 分析が来月の業績に直結しているわけではないので、ついつい目先のことに追われ、こういう分析を後回しにしがちなのである。

宿題形式が増えると、仮に翌月の監査時に宿題を確認したとしても、「できていない」と言われれば検討会も開けず、そのうちSWOT分析自体、雲散霧消してしまいかねない。会計事務所の職員はこういう経験を大なり小なりしているのではないだろうか。

　そこで、筆者が進めているのは、多少の時間がかかってもよいから、「その場でSWOTの検討会を行う」という非宿題方式である。できれば「脅威」、「機会」、「強み」、「弱み」くらいは事前に宿題として準備してもらいたいが、宿題をしてなくても、SWOT検討会の現場で考えさせるようにするのである。その場合、1つの検討会ではけっこうな時間がかかるかもしれないので、それは自分のスキルアップと関与先のためだと割り切ってもらうしかない。

　図II-4は、中小企業でSWOT分析を行う際の平均的なスケジュール表である。企業の了解をもらって粛々と進めていただきたい。

　会計事務所や第三者を入れずに、自社でSWOT分析を行う場合は、数回の研修会スタイルで行えばよい。その場合、客観的に意見が聞けて、発言しやすい人が司会者にならなければ深い分析に結びつかないケースが多い。

　筆者は、経験上、第三者を入れたほうが、議論が円滑になる確率が高くなると考えている。

4)「脅威」、「機会」を出すための事前準備

脅威では「自分の業界に直結したミクロの分析」に重点を置く

　作業のフローチャートの最初にあるように、外部要因である「脅威」、「機会」を事前に準備してもらうことが最初の行動になる。これは、「ただ書いてきてください」と指示しても、何をどう書けばよいか分からないのが、多くの中小企業の経営者や幹部である。そこで、捻出方法のコツを事前に勉強会で言う必要がある（図II-5）。

日　時	検討会・勉強会内容	事前準備事項	備考 （司会担当他）
6月11日 18:00～19:00	SWOT分析の目的と事例、進め方説明会	プロジェクター、会計事務所からのSWOT資料プリント	○○事務所 □□氏
6月29日 17:00～21:00	SWOT分析『脅威』『機会』『弱み』『強み』整理	各自宿題で準備しておく（27日には総務が集めデータ入力）	○○事務所 □□氏
7月12日 18:00～21:00	クロス分析で『機会と強みの積極戦略ゾーン』、『脅威と弱みの致命傷回避ゾーン』の整理と優先順位決め	各ゾーンの自分の意見を2個以上書き出しておく（10日まで）	○○事務所 □□氏
7月28日 18:00～20:00	クロス分析で『脅威と強みの差別化ゾーン』、『機会と弱みの改善ゾーン』の整理と優先順位決め	各ゾーンの自分の意見を2個以上書き出しておく（26日まで）	○○事務所 □□氏
8月上旬	クロス分析結果と優先順位結果を元に体系図に記入（会計事務所担当）		○○事務所 □□氏
8月10日 18:00～21:00	中期基本方針、戦略の確認と単年度の実行具対策の確認		○○事務所 □□氏
8月30日 18:00～21:00	四分の一半期スケジュール表の作成	完成した体系図を各自が持参	○○事務所 □□氏

※会計事務所職員が司会推進を担当した場合

図 II-4　SWOT分析検討会のスケジュール（例）

　まず、「脅威」についての内容は、次に示す項目について、参加者がどう考えているかをなるべく具体的な表現で、箇条書きにしてくるように指示する。特に社会経済構造の大きな変化につながるような「マクロ分析」はほどほどにしないと収拾がつかないことを説明して、「自分の業界に直結したミクロの分析」に重点を置くように依頼する。

	脅　威（Threat）
外部要因	《1》同業者、競合者、大手の動きで脅威には何があるか
	《2》商品の役割寿命、技術革新による代替品の成長、それに乗った他業界からの参入は何が脅威か
	《3》低価格品、低利益品がどう市場を変え脅威になっていくか
	《4》取引先である既存顧客（消費者）のニーズはどうマイナスに作用するか
	《5》主力取引先は、どういうマイナス要因で衰退していくか
	《6》仕入先、外注先には今後、どういう脅威があり得るか
	《7》コストアップ要素として何が考えられる
	《8》労働環境、人材獲得はどういう点が脅威か
	《9》政府の法制化、規制緩和や規制強化はどのような脅威があるか
	《10》IT化、インターネット普及による脅威には何があるか
	《11》グローバル化による脅威には何があるか
	《12》産業構造、消費構造、経済情勢の脅威は何か

	弱　み（Weakness）
内部要因	《1》ターゲット業者と比較して、自社が明らかに負けている点（ヒト、モノ、カネ、技術、情報、効率、社内環境等）
	《2》顧客ニーズに対応していない現象と要因
	《3》顧客開拓、企画力の弱み
	《4》業績悪化要因につながっている弱み
	《5》商品力、開発力、サービス力での弱み
	《6》コスト力、価格力での弱み
	《7》人材基盤（社員の質、層、組織力）の弱み
	《8》設備力、資金力の弱み
	《9》顧客クレームで多い項目の要因
	《10》明らかに弱みと思われる社内事情（風土、気質、モチベーション等）

図 II-5 「脅威」、「機会」、「弱み」、「強み」のポイント

機　会（Opportunity）
《1》 新規に参入する業者ができると、市場はどう活性化されるか
《2》 業界苦境のなかでも発展している同業者は、何が市場ニーズに合っているのか
《3》 顧客（消費者）は今後、どういう商品サービスにメリットを感じて購入してくれると思うか
《4》 不況や経済危機、倒産の増加は、自社にどうプラス作用するか
《5》 政府の経済対策、規制緩和、規制強化は自社のマーケットにどうプラス面があるか
《6》 IT化、インターネットの普及で可能性あるビジネスチャンスは何か
《7》 今後のどういう変化が、どういう新たな購買層、顧客層を生むと思われるか
《8》 今後の技術革新で、自社のマーケットではどういうビジネスチャンスがあるか
《9》 技術革新、グローバル化でどういうコストダウンの可能性があるか
《10》 顧客や市場の勢力図はどう変化し、どういうゾーンがターゲットになりうるか
《11》 全世界的な環境問題への取り組みでは、自社のマーケットにどういうプラスが考えられるか
《12》 環境の変化、競合の激化で仕入先、外注先の変化は自社にどうプラスに作用するか
強　み（Strength）
《1》 ターゲット業者と比較して、自社が勝っていると自信のある点（ヒト、モノ、カネ、技術、情報、効率、社内環境等）
《2》 今まで事業が継続発展してきた要素別の理由（ヒト、モノ、カネ、技術、情報、効率、社内環境等）
《3》 顧客から評価されている事項、認められている点
《4》 営業面全般での強みと言えるポイント
《5》 組織面・財務面全般で強みと言えるポイント
《6》 経営者、幹部、社員などの人材面で強みと言えるポイント
《7》 生産面、開発面、その他の部門において強みと言えるポイント
《8》 実践している事で業績に直結している点
《9》 業者（仕入先、外注先、銀行等）から評価されている点
《10》 先駆的に実践している点

「脅威」の内容を説明するときのポイント
《1》 同業者、競合者、大手の動きで脅威には何があるか
《2》 商品の役割寿命、技術革新による代替品の成長、それに乗った他業界からの参入は何が脅威か
《3》 低価格品、低利益品がどう市場を変え脅威になっていくか
《4》 取引先である既存顧客(消費者)のニーズはどうマイナスに作用するか
《5》 主力取引先は、どういうマイナス要因で衰退していくか
《6》 仕入先、外注先には今後、どういう脅威があるか
《7》 コストアップ要素として何が考えられるか
《8》 労働環境、人材獲得はどういう点が脅威か
《9》 政府の法制化、規制緩和や規制強化はどのような脅威があるか
《10》 IT化、インターネット普及による脅威には何があるか
《11》 グローバル化による脅威には何があるか
《12》 産業構造、消費構造、経済情勢の脅威は何か

機会では「物事の本質や裏面から現実を見てみる」

　次に「機会」については、「脅威」の内容と関連づけて考える。特に「誰でも分かるような表面化した現象的な機会」だけではチャンスにつなげることはできないので、「物事の本質や裏面から現実を見てみる」ことが重要な作業になってくる。

　「機会」の内容を説明するときのポイントは次に述べることを箇条書きにしてもらうように依頼する。

「機会」の内容を説明するときのポイント

《1》 新規に参入する業者ができると、市場はどう活性化されるか
《2》 業界苦境のなかでも発展している同業者は、何が市場ニーズに合っているのか
《3》 顧客(消費者)は今後、どういう商品サービスにメリットを感じて購入してくれると思うか
《4》 不況や経済危機、倒産の増加は、自社にどうプラス作用するか
《5》 政府の経済対策、規制緩和、規制強化は自社のマーケットにどうプラス面があるか
《6》 IT化、インターネットの普及で可能性あるビジネスチャンスは何か
《7》 今後のどういう変化が、どういう新たな購買層、顧客層を生むと思われるか
《8》 今後の技術革新で、自社のマーケットではどういうビジネスチャンスがあるか
《9》 技術革新、グローバル化でどういうコストダウンの可能性があるか
《10》 顧客や市場の勢力図はどう変化し、どういうゾーンがターゲットになりうるか
《11》 全世界的な環境問題への取り組みでは、自社のマーケットにどういうプラスが考えられるか
《12》 環境の変化、競合の激化で仕入先、外注先の変化は自社にどうプラスに作用するか

「脅威」も「機会」も大きな区分けは、「業界の変化と今後の動向」、「顧客・市場の変化と動向」、「仕入先・外注先等の協力業者の変化と動向」、「ライバルや新規参入組の動向」、そして「行政の出方、法制度、

規制等の社会環境」でそのポイントを見ていくことである。

5)「弱み」、「強み」を出すための事前準備

「弱み」を説明するときのポイント

　外部要因である「脅威」、「機会」に比べ、内部要因である「弱み」、「強み」はどの会社でも比較的出しやすいものだ。この「弱み」、「強み」も、どこと比較するかで景色が変わってくることも多いので、その比較対象先をどこに置くかを事前に決めておかないと見立てを間違えることになる。

　例えば、自分たちよりもレベルが低い同業者を一般的なターゲットにすれば、当然、勝っている部分が多くなるし、「弱み」も少なくなる。また、競合相手を上場企業にすると、「強み」が少なく、「弱み」が増えてくるのが一般的である。

　そこで、この「弱み」、「強み」を出すとき、事前にある程度のターゲットを絞る必要がある。「外部要因」でマーケット分析をしているので、そのマーケットと競合する主力同業者や仮想業者がターゲットになる。また、限定地域に市場を絞っている場合は、地域のターゲット同業者との比較になる。

　元来、SWOT分析は当面の中期戦略を決める手法なので、ここでは長期的な将来ではなく、ここ2～3年くらいで勝負するために必要なターゲット対策にしたほうがよい。すると、「弱み」、「強み」の比較基準がある程度見えてくる。

　実際に事前検討すると、そういうターゲットの絞りがなくても、中小企業の「弱み」は、ミクロで見ればけっこう出てくるし、「強み」も過去の経緯や顧客からの評価の声などで、ある程度出てくるものである。

　「弱み」の内容を説明するときのポイントは、次に述べることを箇条

書きにしてもらうよう依頼する。

> 「弱み」の内容を説明するときのポイント
> 《1》 ターゲット業者と比較して、自社が明らかに負けている点（ヒト、モノ、カネ、技術、情報、効率、社内環境等）
> 《2》 顧客ニーズに対応していない現象と要因
> 《3》 顧客開拓、企画力の弱み
> 《4》 業績悪化要因につながっている弱み
> 《5》 商品力、開発力、サービス力での弱み
> 《6》 コスト力、価格力での弱み
> 《7》 人材基盤(社員の質、層、組織力)の弱み
> 《8》 設備力、資金力の弱み
> 《9》 顧客クレームで多い項目の要因
> 《10》 明らかに弱みと思われる社内事情(風土、気質、モチベーション等)

「強み」を説明するときのポイント

では、「強み」の内容を説明するときのポイントはどうか。

「わが社は強みが少ない」と自嘲する経営者や幹部もいるが、それを容認するとSWOT分析が進まない。仮に問題点ばかりで、よいところがないのならば、とうの昔に倒産廃業しているだろうし、顧客や業者と長い付き合いができていないはずである。

したがって、4つの窓のうち、この「強み」を最後にもってくる意味合いの一つが、「強み」を参加者で再確認することで、事業への自信をもってもらうことも含まれている。

基本的には、「弱み」と同数の「強み」を是が非でも出してもらうように検討会で要求している。

「強み」のポイントは、次に述べることを箇条書きにしてもらうよう

依頼する。

> 「強み」の内容を説明するときのポイント
> 《1》 ターゲット業者と比較して、自社が勝っていると自信のある点(ヒト、モノ、カネ、技術、情報、効率、社内環境等)
> 《2》 今まで事業が継続発展してきた要素別の理由(ヒト、モノ、カネ、技術、情報、効率、社内環境等)
> 《3》 顧客から評価されている事項、認められている点
> 《4》 営業面全般での強みと言えるポイント
> 《5》 組織面・財務面全般で強みと言えるポイント
> 《6》 経営者、幹部、社員などの人材面で強みと言えるポイント
> 《7》 生産面、開発面、その他の部門において強みと言えるポイント
> 《8》 実践している事で業績に直結している点
> 《9》 業者(仕入先、外注先、銀行等)から評価されている点
> 《10》 先駆的に実践している点

「弱み」や「強み」も、議論のなかで、自己中心的な見解や抽象論になることがあるので、事前宿題の段階である程度、具体的な事実に基づいた箇条書きをするように指示することが大事である。

枠を設けないフリーな討議がポイント

　SWOT検討会の参加者は、円滑な議論を進めるうえでもある程度限定された参加者数になる。これらの4つの窓の事前宿題では、参加者が自分の部門の人間と協議した結果を持ち寄るようにしてもかまわない。ただし、参加者たちがこの作業フローについて受けた説明をよく咀嚼（そしゃく）して部門での説明を行わないと、まとまりのない宿題結果になりかねないこともあるので、十分な配慮が必要である。

　事前宿題を説明するうえで、もう一つ配慮しなければならないこと

がある。基本的に「枠を設けない」フリーな討議がSWOT分析のポイントなので、この4つの窓の宿題の項目に縛られて、項目の内容と異なることを排除させないという配慮である。正直、曖昧な抽象論は困るが、見方の違う意見は大いに歓迎であることをよく説明しておかないと、面白みに欠けるSWOT分析になる。

6）集合検討会で4つの窓とクロス分析の検討

　SWOT分析の結果で戦略や対策が明白になるのが、クロス分析である。基本的にはクロス分析に入る前に、事前宿題の4つの窓を発表してもらい、重複する部分は1つに統合したり、抽象論は具体論へ導き、4つの窓を整理することが検討会の前半の作業になる。
　4つの窓の整理が済んだら、クロス分析に入っていく。クロス分析の順番は、いろいろな意見もあるようだが、筆者は「機会・強み分析」、「脅威・弱み分析」、「機会・弱み分析」、「脅威・強み分析」の順番で行うことが多い。これには、理由がある。
　まず、「機会・強み分析」がいちばん先にくるのは、「積極戦略ゾーン」であるので、今年度中の実行策を早く打ち出すために急ぐ必要があるからだ。
　次に「脅威・弱み分析」を挙げたのは、このゾーンは「致命傷回避・撤退縮小ゾーン」に定義されているので、放置できない課題が多いからである。放置できないなら至急手を打たねばならない。そのためにはこれも何らかの対策を今期中に実施する必要がある。
　3番目に「機会・弱み分析」を挙げているが、今は弱い社内体制を改善して機会をつかむという「改善ゾーン」であるので、やはり2か年くらいの時間をかける対策が必要になる。するとこれは中期プランのゾーンに多く入ることになる。
　最後に「脅威・強みゾーン」は、対象企業が中小企業になると、そ

※2〜3か年の基本戦略に的を絞る

基本ターゲット	
ライバル	
地　　域	
商　　材	
そ の 他	

<table>
<tr><td rowspan="12">内部要因</td><td colspan="2">強み（S）</td></tr>
<tr><td>〈1〉</td><td>ターゲット業者と比較して、自社が勝っていると自信のある点（ヒト、モノ、カネ、技術、情報、効率、社内環境等）</td></tr>
<tr><td>〈2〉</td><td>今まで事業が継続発展してきた要素別の理由（ヒト、モノ、カネ、技術、情報、効率、社内環境等）</td></tr>
<tr><td>〈3〉</td><td>顧客から評価されている事項、認められている点</td></tr>
<tr><td>〈4〉</td><td>営業面全般での強みと言えるポイント</td></tr>
<tr><td>〈5〉</td><td>組織面・財務面全般で強みと言えるポイント</td></tr>
<tr><td>〈6〉</td><td>経営者、幹部、社員などの人材面で強みと言えるポイント</td></tr>
<tr><td>〈7〉</td><td>生産面、開発面、その他の部門において強みと言えるポイント</td></tr>
<tr><td>〈8〉</td><td>実践している事で業績に直結している点</td></tr>
<tr><td>〈9〉</td><td>業者（仕入先、外注先、銀行等）から評価されている点</td></tr>
<tr><td>〈10〉</td><td>先駆的に実践している点</td></tr>
<tr><td colspan="2">弱み（W）</td></tr>
<tr><td>〈1〉</td><td>ターゲット業者と比較して、自社が明らかに負けている点（ヒト、モノ、カネ、技術、情報、効率、社内環境等）</td></tr>
<tr><td>〈2〉</td><td>顧客ニーズに対応していない現象と要因</td></tr>
<tr><td>〈3〉</td><td>顧客開拓、企画力の弱み</td></tr>
<tr><td>〈4〉</td><td>業績悪化要因につながっている弱み</td></tr>
<tr><td>〈5〉</td><td>商品力、開発力、サービス力での弱み</td></tr>
<tr><td>〈6〉</td><td>コスト力、価格力での弱み</td></tr>
<tr><td>〈7〉</td><td>人材基盤（社員の質、層、組織力）の弱み</td></tr>
<tr><td>〈8〉</td><td>設備力、資金力の弱み</td></tr>
<tr><td>〈9〉</td><td>顧客クレームで多い項目の要因</td></tr>
<tr><td>〈10〉</td><td>明らかに弱みと思われる社内事情（風土、気質、モチベーション等）</td></tr>
</table>

図 II-6　SWOT分析検討会　クロス分析フォーム

外　部　要　因	
機会（O）	脅威（T）
〈1〉新規に参入する業者ができると、市場はどう活性化されるか	〈1〉同業者、競合者、大手の動きで脅威には何があるか
〈2〉業界苦境のなかでも発展している同業者は、何が市場ニーズにあっているのか	〈2〉商品の役割寿命、技術革新による代替品の成長、それに乗った他業界からの参入は何が脅威か
〈3〉顧客（消費者）は今後、どういう商品サービスにメリットを感じて購入してくれると思うか	〈3〉低価格品、低利益品がどう市場を変え脅威になっていくか
〈4〉不況や経済危機、倒産の増加は、自社にどうプラス作用するか	〈4〉取引先である既存顧客（消費者）のニーズはどうマイナスに作用するか
〈5〉政府の経済対策、規制緩和、規制強化は自社のマーケットにどうプラス面があるか	〈5〉主力取引先は、どういうマイナス要因で衰退していくか
〈6〉IT化、インターネットの普及で可能性あるビジネスチャンスは何か	〈6〉仕入先、外注先には今後、どういう脅威があり得るか
〈7〉今後のどういう変化が、どういう新たな購買層、顧客層を生むと思われるか	〈7〉コストアップ要素として何が考えられるか
〈8〉今後の技術革新で、自社のマーケットではどういうビジネスチャンスがあるか	〈8〉労働環境、人材獲得はどういう点が脅威か
〈9〉技術革新、グローバル化でどういうコストダウンの可能性があるか	〈9〉政府の法制化、規制緩和や規制強化はどのような脅威があるか
〈10〉顧客や市場の勢力図はどう変化し、どういうゾーンがターゲットになりうるか	〈10〉IT化、インターネット普及による脅威には何があるか
〈11〉全世界的な環境問題への取り組みでは、自社のマーケットにどういうプラスが考えられるか	〈11〉グローバル化による脅威には何があるか
	〈12〉産業構造、消費構造、経済情勢の脅威は何か
自社の強みを活かして、さらに伸ばしていく対策。または積極的に投資や人材配置して他社との競合で優位に立つ戦略	自社の強みを活かして、脅威をチャンスに変えるには何をどうすべきか
資金も人も投入する積極的な攻勢ゾーン	強みを活かして差別化するゾーン
自社の弱みを克服して、事業機会やチャンスの波に乗るには何をどうすべきか	自社の弱みが致命傷にならないようにするにはどうすべきか。またはこれ以上傷口を広げないために撤退縮小する対策は何か
弱みを改善してチャンスをつかむゾーン	致命傷回避・撤退縮小ゾーン

の対策はかなり限定されてくる。なぜなら、マーケットは縮小や厳しい状況にあるのに、自社の強みをぶつけるというのは、一般的には、Ｍ＆Ａで買収したり、圧倒的シェアをとったり、弱小企業に一騎打ち戦を仕掛けたり、とランチェスター戦略で言うところの「強者の戦略」をとれる企業に限られてくるからだ。

　この「クロス分析」でどういうことが対策案として生まれるかでSWOT分析の優劣が決まるのである。したがって、クロス分析で明確な対策案を出すためには、4つの窓の「脅威」、「機会」、「弱み」、「強み」をいかに具体的に、ピントのあった実状を整理するかが鍵となる。

　クロス分析作業を進めると、その過程でまだ出ていない「4つの窓」の意見が出ることがある。その場合の意見はけっこう現実的で、対策に反映されそうなことが多く、検討中は柔軟にクロス分析をしながら、4つの窓に戻ったり行きつ戻りつしながら進めるのがコツである。ここでの詳細は次項以降に詳述する。

7）クロス分析から、優先順位を選ぶ

　一通りクロス分析の4つのゾーンを埋めて、具体的な対策案が豊富に出たと判断したら、次の作業は、各クロス分析の対策案を今期中の具体策としてピックアップするか、中期2～3か年計画で実施するかの色分けをする。

　一般的に中期計画と言えば、3～5年くらいのスパンが定説であったが、昨今の経済状況や不透明な将来において、2か年くらいの対策しか判断のしようがないのではなかろうか。3年後には大きく状況が変わっているかもしれない環境では、見えない3年後を無理して見ることの意味合いはなくなってくると思われる。

　「今期中」か「2か年」かの色分けをしたら、今度は「今期中」のなかから優先順位をつけねばならない。優先順位は重要度と比例するこ

とが多く、即できることは即行えばよい。無理やり優先順位を上げてするようなことでもない。優先順位が高いということは、それだけ業績への影響度が高いことを意味している。戦略的なこと、業績に直結しそうな戦術がベスト5に入らねばならない。

8) クロス分析後の体系図を整理

　先述したように、本来のSWOT分析で一般的なのは、SWOT分析からBSCという経営戦略を実現するマネジメントシステムに発展させる形である。実際に中小企業のSWOT分析の現場では、クロス分析で生まれた戦略や具体策を先ほどの4つの視点で分類し、それぞれの戦略や具体策の指標目標を設定し、それを実現するためのロジカル(論理的)な課題整理に対応できる中小企業はそう多くない。

　ある程度の学習レベルになっている中小企業なら、やはりBSCの考え方に沿って、「ビジョンから実行プランまで」体系的に行うのがよいだろう。しかし、まだ学習レベルの高くない中小企業では、もう少し端折って分かりやすく簡素化したほうがよいケースもある。

　そこで、筆者は、クロス分析をした時点で再度、SWOT分析で得た議論を体系的に整理し直し、中期ビジョンと今期目標を明確にする作業を行うようにしている。数値目標はそのなかで必然的に生まれてくる。

　特に、このSWOT分析で重要視しているのが、どういう戦略や具体策を行えば、「今後の道筋が立つか」ということなので、実際にはBSCほど綿密に目標指標を決めたわけではないが、結果的にはBSCの要素が反映された目標になっていくことが多い。

　ここであえて体系図にする狙いは、「SWOT分析とそのなかのクロス分析で出た対策と中期ビジョン、今期対策」がどのような流れで生まれてきたのかを論理的に整理するためである。検討会に参加した経

営者や幹部は当然理解しているはずだが、参加していない社員へ上手に論理的に説明するためのツールでもある。何度か指摘しているように、説明の「見える化」の一環である。

体系図の書き方については後ほど詳述する。

9) 単年度の実行計画を文書化

SWOT分析のクロス分析から、中期目標と単年度の緊急対策が見出されるので、単年度分の対策を「実行計画」に落とし込まねばならない。中小企業の弱点として見られるのは、この「実行計画」の具体性と責任感が大手中堅企業に比べて希薄なことである。決め方も抽象的で、責任も曖昧、チェックもいい加減では、いかにSWOT分析で実現可能な戦略的対策が生まれても、実行度は上がらない。

そこで、実行計画はかなり細かく、5W2H(誰が、何を、なぜ、いつ、どこで)(どのように、いくらで)とチェック日とチェックする会議名まで決めることが肝要である。こういう決め方をしないと、実際にはチェックできないし、言い逃れもしやすくなる。

大手や組織がシステム化された企業では考えられないだろうが、
「忙しくて……」
「他の要件を優先させたから……」
「準備不足で……」
「皆が協力してくれなかったから……」
などの言い訳がけっこうまかり通るのが中小企業なのである。また、できなかったからといって厳しいお咎めもないから、余計に緩んだ組織になりやすい傾向にある。

ここでのポイントは、実行計画は3か月単位の行動計画で毎月チェックすることである。3か月という行動スパンを見ながら、当月の動きを精査するので、行動の全体像が把握しやすくなる。

このフォームや書き方も詳細は後述するが、SWOT分析を行い、体系的な手続きを踏んだうえでの必要対策であるので、上記のような言い訳で実行しないようでは、SWOT分析自体も無意味になってしまう。

10）SWOT分析対策を収支と連動させる

　体系図は方針や戦略、具体策を整理するので、言葉が中心になる。そこで、今期中に実行しなければならない各種戦略の準備や具体策が収支にどのように反映されるかも考えなくてはならない。
　クロス分析の内容と今年度の具体策では、下記のような表現が出ている場合がある。
　いわく、「○○の売上減少と利益ダウン」、「○○のシェア拡大を図る」、「○○の人員を強化する」、「○○の販促を重点的にかける」、「インターネットでの販売強化する」、「○○の固定費を削減する」等々。
　仮にこれらの表現があれば、そこには必ず数字をあてがう必要がある。例えば、「○○の売上減少と利益ダウン」なら、実際に今期の売上予定を立てる際に、○○の売上減少を昨年対比で何％か見なければならない。利益率のダウンでもその分の％を減らさねばならない。「○○の人員を強化する」とあれば、人件費は増やさねばならない。2名採用するなら、平均人件費（法定福利込み）500万円で、半年後には採用している状態にするなら、2名×500万円×50％（半年分）＝500万円が予算計上される。
　「インターネットで販売強化」なら、Web関係経費はけっこうかかることもあり、その分の経費も読む。さらに「○○の固定費を削減する」なら、削減額を決めて、今期中に可能性ある金額を、当該勘定科目予算から削減しなければならない。
　このように、アバウトでもよいから、具体策と収支予定を連動させることで、経営計画書はより現実的なものになってくる。こういう対

策を収支に入れると、多くは「減収減益」の予算になる。まだ減益ならいいほうで、赤字のほうが圧倒的に多いのが実状である。

「対策を数値化したら赤字になった」と言われないように、売上の早期実現、それ以外の原価・経費の意欲的な削減対策を科目別に入れなければならない。それでも単年度では赤字が不可避なら、2年後の中期までに黒字化実現のプランにするための、今期中にやるべきことを実行計画に再編入しなければならない。

SWOT分析全体の工程中で、クロス分析と体系図まではどんな企業でも何とか議論して文書化は可能である。しかし、この収支計画に反映させる場面になると、「細かい数字が分からない」、「予測の予測は数値化できない」、「経営者や社員が痛みを伴うことはできない」などの言葉が出てくることがある。しかし、無理やりでも対策を数値に反映させるという覚悟で望めば、若干の誤差があっても、経営者や幹部の数値への意識度は高まっていくものである。

11) 会議で定期チェック

ある経営者から聞かされた嘆き節である。

「SWOT分析の経営計画も分かる。実行計画書も作っている。でも、わが社は決めっ放し、言いっ放しで、誰もチェックをしない。私が気付けばチェックするが、私が言わないと誰もチェックをしないから、本当の組織ができていない」と…。

このような中小企業はけっこう多いと推察する。確かにご指摘のとおり、いかにSWOTで戦略を決めて、実行計画まで担当も期限も詳細に決めたにもかかわらず、その結果をチェックしないなら、「計画倒れ」のそしりは免れない。

問題は、PDCA（プラン・ドゥー・チェック・アクション）の「C」、すなわち、チェックである。このチェックは基本的には会議やミーテ

ィングと連動させることが一般的である。したがって、会議やミーティングに「実行計画」のチェックを行う場面を意図的に設けなければならない。

　中小企業の場合、どうしても目先の検討課題ばかりに眼を奪われて、先々のための計画チェックは疎かになりがちである。だから、「意図的」に必要なのである。

　筆者がお手伝いする場合は、経営計画書には必ずと言ってよいほど、末尾に「会議体系」というルールを入れる。これは、どの会議で、この実行計画書をチェックするかをはっきりさせるために、年初に予め決め事をしてもらうためである。

　実行計画チェックのための会議の進め方については、後述するので参考にしていただきたい。

3 SWOT分析検討会での「脅威」「機会」「弱み」「強み」の整理

1) SWOT分析検討会の流れ

SWOTよりもTOWSの進め方が現実に合っている

　SWOT検討会は、事前に課題にしておいた4つの窓の発表に始まり、クロス分析の検討、そして優先順位決めまでを行うのを通常パターンとする。

　時間配分は確保できる時間、参加者の数や事前の宿題時点での検討により異なるが、「1日集中方式」と「分散検討方式」に分かれる。社内で行う場合は、基本的には「1日集中方式」をお奨めする。これは、集中して議論したほうが理解も深まり、一気に次のステップに進めることができるからだ。分散方式だと、毎回の検討会で、どうしても前回の復習から入らねば記憶やモチベーションが高まらないので、時間のロスが意外に多い。

　しかし、一般的な中小企業で丸一日を確保することはむずかしく、また行司（第三者の司会者）がいない状況で何となく進めても、もったいない1日になる可能性もある。すると、図II-4で示したような「SWOT分析検討会スケジュール」が多くなるのは仕方ないことであろう。

　「1日集中方式」であろうが「分散検討方式」であろうが、図II-7で示しているような順番でSWOT分析を進めていただきたい。

　SWOTの指導経験の少ない人や本質の分からない人は、「SWOT分析だから、S（強み）→W（弱み）→O（機会）→T（脅威）の順番で検討するものだ」という人がいる。私たちの進行の仕方は『T→O→W→S』の順番なので、真逆である。

第1段階	T（脅威）の内容と根拠の発表　そして文書整理
第2段階	O（機会）の内容と根拠の発表　そして文書整理
第3段階	W（弱み）の内容と根拠の発表　そして文書整理
第4段階	S（強み）の内容と根拠の発表　そして文書整理
第5段階	S（強み）とO（機会）が交差する『積極戦略ゾーン』の検討
第6段階	W（弱み）とT（脅威）が交差する『致命傷回避・撤退縮小ゾーン』の検討
第7段階	W（弱み）O（機会）が交差する『改善ゾーン』の検討
第8段階	S（強み）とT（脅威）が交差する『差別化ゾーン』の検討
第9段階	優先課題の選択（中期対策か緊急対策か）
第10段階	緊急課題の実行計画書の検討

図II-7　SWOT分析検討会の流れ

　実は筆者も当初は文字どおりの順番でSWOT分析検討を実施していたが、効果的な議論には弊害があることを経験している。
　「SWOT」よりも「TOWS」の進め方が現実に合っているという理由は、列挙すると下記のようになる。

- 内部要因(SW)を先にすると、そればかり話しこんでしまい、いちばん大事な外部要因(OT)の議論時間が削られる。
- 内部要因であるSとWは、あらゆる角度から議論しなくても、だいたい参加者が日頃から思っていることなので、後回しでもかまわない。
- 最初に「自信のあるS」を議論して、最後に自信をなくす外部環境のTを詰めていくと、暗い気持ちになる。逆なら、最後にSを議論するので、明るく話しが進む。
- SWOT分析はもともとマーケット分析手法の一環であり、外部要因の深い議論こそ、真骨頂と言える。
- 外部要因に時間をかけて分析することで、全体像を俯瞰できるようになるので、大半の時間がこの外部要因に割かれるべきである。ならば最初から深く議論すべきである。

このように、SWOT分析の検討も進め方一つで、検討会の雰囲気も変わってくる。よく吟味して進め方を決めるべきであろう。

2) 進行と書記のポイント

具体的表現を心がける

次に宿題で頼んでおいた「4つの窓」の発表をしてもらうが、発表にも順番というものがあり、ただ闇雲に誰からでもよいというものではない。

例えば、経営者などその検討会でいちばんの上席者がいれば、その人は最後に意見を言ってもらう。そうしないと、権限者の意見に影響を受ける参加者も多く、自由な意見討議とはなりにくくなる。

そして、司会者は、相手の発表する内容をただ聞いて書かせるだけ

でなく、曖昧な表現や抽象的な表現なら、聞き返して、分かりやすい固有表現でホワイトボード、パソコンや模造紙に書かせる。

　一般的には司会者と書記(模造紙やホワイトボード記入者)は別にして、司会者の指示で書記に書かせるようにする。この司会を第三者である会計事務所の職員がする場合は、書記は企業の誰かに依頼する。

　進行の仕方の基本はすでに図II-2「司会のポイント5」で紹介しているが、「とにかく具体的表現」を心がけさせるようにする。

　各自の発表での重要ポイントは、一般論ではなく、具体的な固有名の入った「4つの窓」を言ってもらうことである。

　全編を通じて共通の要素になるが、特に外部要因である「脅威」、「機会」が抽象論では、クロス分析の際に具体策を出しにくいことを忘れてはならない。

パソコン、プロジェクターを活用する

　「4つの窓」の発表をしていると、表現の違いこそあれ、似たような意味合いの言葉もけっこう出てくる。これらは、発表者に「○番目と同じ意味でよいですか」と確認し、発表者がYesなら、横に「正」マークで数を書いておく。ただし、同じ表現でも、異なるキーワードがあれば、その箇条書きのところに(　)書きで追加しておけば、クロス分析のときに有効である。

　参加者が多くなり、各自がそれぞれ各窓別に5つくらい発表してしまうと、模造紙もホワイトボードも書けなくなるので、この表現の集約・統合作業はけっこう重要な進行ノウハウである。

　各自が4つの窓ごとに1項目1枚の「ポストイット」に書いてもらい、それを模造紙に貼っていくやり方もある。ただ、文字が小さくなると、他の参加者から見えにくく、要約作業にも時間を要するので、司会者が効率よく進められる方法を選択したほうがよい。

　筆者は、追加記載がしやすく参加者に大きく見せられるというメリットを考えて、パソコンとプロジェクターを使ったSWOT分析検討会

を推奨している。これだと、言っている言葉の修正も容易であり、スクリーンが大きければ、かなりの文言が参加者にも見えるはずだ。
　また、人の発表を聞きながら、新たな意見が出ることも多い。するとパソコンなら即座に追加できるので、現実的な推進方法ではないだろうか。

3）「脅威」の整理と意見の捻出方法

　宿題で各自が考えてきた「脅威」を転記し、似たような表現は集約して、ある程度記載する。その後、いろいろな意見を聞いた結果、再度「他にどのような脅威が考えられるか」を質問しながら、その回答を要約しながら「脅威」の空欄に記載する。
　事前の宿題の説明時点で配布した「脅威」捻出のポイントを、プロジェクターで投影するか、プリントを持参させるかで、再度検討する。
　ここで、司会者には重要な機能が要求される。それは、参加者にブレーンストーミングを促すために、いろいろな角度からヒントや質問を繰り返し、少しでも多角的な意見を吸い上げることである。
　その質問のポイントとなるのが、「脅威」、「機会」のチェックポイントから、再度、「○○についてもっと具体的なことはないですか？」などと繰り返すことである。
　再度、その「脅威」「機会」のチェックポイントを反復しておこう。
　まず「脅威」でのポイントは、次のとおりである。

> 「脅威」の内容を説明するときのポイント
> 《1》同業者、競合者、大手の動きで脅威には何があるか
> 《2》商品の役割寿命、技術革新による代替品の成長、それに乗った他業界からの参入は何が脅威か
> 《3》低価格品、低利益品がどう市場を変え脅威になっていくか

《4》取引先である既存顧客(消費者)のニーズはどうマイナスに作用するか
《5》主力取引先は、どういうマイナス要因で衰退していくか
《6》仕入先、外注先には今後、どういう脅威がありうるか
《7》コストアップ要素として何が考えられるか
《8》労働環境、人材獲得はどういう点が脅威か
《9》政府の法制化、規制緩和や規制強化にはどのような脅威があるか
《10》IT化、インターネット普及による脅威には何があるか
《11》グローバル化による脅威には何があるか
《12》産業構造、消費構造、経済情勢の脅威は何か

　具体的な司会者の推進話法としては、例えば、次のようなものがある。
「もう一度、この脅威のチェックポイントを見てください。何か、言い忘れたことはないですか」
「同業者や組合では、どういう点が脅威として議論されていますか」
「業界紙誌や大手での動きで、聞いたことはありませんか」
「脅威は決して弱気という意味ではないので、ちょっとでもリスキーなことは何でもけっこうです」等々

4）「機会」の整理と意見の捻出方法

　「機会」については、宿題でもあまり深く書いてこないケースが多い。これは「書かない」ではなく、「書けない」のが正しい表現かもしれない。正直に言えば、参加者の多くが長年、業界の仕事をしていると、無意識に業界の慣習や常識に固執したり、他業界の参考事例がピンとこないことがあるからである。したがって、「機会」についての本格的

な検討は、この検討会が最初になる可能性がある。

　「機会」で重要なことは、「脅威」で挙げたことを裏から見れば、新たなビジネスチャンスになるということである。なぜ、宿題では「機会」が少ないのかと言えば、脅威を見て悲観的に考え、『将来も何もいいことはない』と考えがちで、新たなマーケットに眼が行かないからである。仮に、新マーケットに眼が行っても、「自分たちの企業ではできないので、自分たちのフィールドではない」と勝手に決め込んでしまっていることもある。

　SWOT分析の4つの窓のなかで、この「機会」をどう導くかで、SWOT分析から生まれる中期ビジョンは大きく変わってくる。そうであれば、ここに重点的に時間配分をしていただきたいものだ。

　おそらく、「機会」の議論をしていくうちに、参加者から「今後、目指すマーケットを決めるなら、詳細なデータがないと判断できない。感覚論で機会を議論するのは危険ではないか」という意見が出るかもしれない。しかし、そんな自分の会社に都合のよい将来を判断できるマーケットデータは見つけにくいし、統計値で判断できるものでもない。あくまでも日頃の業務を通じて、顧客や業者、メディアなどからの情報を総合的に判断した内容でかまわない。大企業がシンクタンクから得た情報でマーケット分析をしようというほどの大げさなものではないのだから、そこまで深く考えなくてもよい（戦略や仮説を立てる際には若干は生きたデータはいるかもしれないが…）。

　再度、「機会」のチェックポイントを反復しておこう。

> 「機会」の内容を説明するときのポイント
> 《1》新規に参入する業者ができると、市場はどう活性化されるか
> 《2》業界苦境のなかでも発展している同業者は、何が市場ニーズに合っているのか
> 《3》顧客（消費者）は今後、どういう商品サービスにメリットを感じて購入してくれると思うか

《4》不況や経済危機、倒産の増加は、自社にどうプラス作用するか
《5》政府の経済対策、規制緩和、規制強化は自社のマーケットにどうプラス面があるか
《6》IT化、インターネットの普及で可能性あるビジネスチャンスは何か
《7》今後のどういう変化が、どういう新たな購買層、顧客層を生むと思われるか
《8》今後の技術革新で、自社のマーケットではどういうビジネスチャンスがあるか
《9》技術革新、グローバル化でどういうコストダウンの可能性があるか
《10》顧客や市場の勢力図はどう変化し、どういうゾーンがターゲットになりうるか
《11》全世界的な環境問題への取り組みでは、自社のマーケットにどういうプラスが考えられるか
《12》環境の変化、競合の激化で仕入先、外注先の変化は自社にどうプラスに作用するか

「逆張り経営」の視点から「機会」を見る

　この「機会」分析で重要なことは、「今の苦境を裏から見るとどんな光景が見えてくるか」ということである。一般には「逆張り経営」と表現とする人もいる。

　「逆張り経営」とは、「多くの企業がリストラで採用を抑制するなら、ここぞとばかりに優秀な人材を低コストで積極採用する」とか、「投資抑制で設備費用の相場が下落しているなら、安いうちに投資をしてコストを抑えてシェア獲得に走る」、また個人投資でもあるように「株価が下落しているときに大量に購入し、上げ潮局面で一気に売りさばく」

といったことである。どれも、ビジョンと財務余力がなければできないことかもしれないが、儲かる会社にはこういう「逆張り経営」を標榜しているところが多い。

　皆が厳しい経営状況にいるなかでも、しっかり儲けている同業者や成長しているライバルがいるはずである。その理由を自社ができるのかどうかを考えれば、「わが業種は全滅」ということはなく、何らかの「攻めるべき隙間」が見えるはずである。

　この「機会」の検討をするとき、よく見られる風景がある。「自分の業界の常識に固執しすぎている参加者ほどあまり意見が出ない」ということである。経営者のほうがけっこうダイナミックな意見を出すことが多いのにも相通じるところがある。すなわち、「大局着眼」で全体や他業界の動きを俯瞰している人が多いのが経営者クラスであるからだ。

5)「弱み」の整理

　「弱み」は宿題でもけっこう出ているはずである。しかし、問題を具体化するために、司会者は大雑把な表現を具体的な固有表現に変えさせるように導かねばならない。ここでは、外部要因の「脅威」とこの内部要因である「弱み」を混同させないことに留意する。あくまでも内部要因であるので、自社内部の努力不足や構造的な問題を具体的に取り上げることが肝要である。

　ここでも「弱み」のポイントを反復しておこう。

>「弱み」の内容を説明するときのポイント
> 《1》 ターゲット業者と比較して、自社が明らかに負けている点
> 　　（ヒト、モノ、カネ、技術、情報、効率、社内環境等）
> 《2》 顧客ニーズに対応していない現象と要因

《3》 顧客開拓、企画力の弱み
《4》 業績悪化要因につながっている弱み
《5》 商品力、開発力、サービス力での弱み
《6》 コスト力、価格力での弱み
《7》 人材基盤(社員の質、層、組織力)の弱み
《8》 設備力、資金力の弱み
《9》 顧客クレームで多い項目の要因
《10》 明らかに弱みと思われる社内事情(風土、気質、モチベーション等)

　検討していると、「弱み」と「強み」が表裏一体になって、あながち「弱み」とは言えないような項目にも出くわす。その場合は、現時点での「弱み」として捉え、反面「強み」にも、表現を変えて併記すればよい。

　4つの窓のどの窓に限定するかなどは、あまり考えないほうがよい。自然に思っていることをドンドン記載すればよいのである。

6)「強み」の整理

　4つの窓の最後は「強み」の宿題を聞きながら記載する。「強み」は現時点では「強み」でも、状況が変わると「弱み」になる場合も多々ある。したがって、前述したように「弱み」でも述べ、「強み」でも述べればよい。

　混同するケースとは、例えば「社員の平均年齢が若い」という場合、「強み」では「体力があり無理が効く」、「人件費が安い」、「勢いや活気がある」、「しばらく定年を心配しないでよい」など挙げられるが、反面、「弱み」では「経験不足で熟練者には負ける」、「スキルが低い」、「辞めやすい」などが挙げられる。どちらにしても該当するなら、併記

すればよい。

改めて「強み」のポイントをおさらいしておこう。

> 「強み」の内容を説明するときのポイント
> 《1》 ターゲット業者と比較して、自社が勝っていると自信のある点(ヒト、モノ、カネ、技術、情報、効率、社内環境等)
> 《2》 今まで事業が継続発展してきた要素別の理由(ヒト、モノ、カネ、技術、情報、効率、社内環境等)
> 《3》 顧客から評価されている事項、認められている点
> 《4》 営業面全般での強みと言えるポイント
> 《5》 組織面・財務面全般で強みと言えるポイント
> 《6》 経営者、幹部、社員などの人材面で強みと言えるポイント
> 《7》 生産面、開発面、その他の部門において強みと言えるポイント
> 《8》 実践している事で業績に直結している点
> 《9》 業者(仕入先、外注先、銀行等)から評価されている点
> 《10》 先駆的に実践している点

最後に「強み」をもってきているのは、SWOT分析を通じて、未来の検討をしているのだから、自信あることを言った後、戦略検討したほうがよいという理由もある。ただ、独りよがりの「強み」については、相互の留意が必要である。

4　クロス分析による戦略・戦術の出し方

1） クロス分析の窓のそれぞれの意味合い

　SWOT分析の効果は、「クロス分析」に表れる。クロス分析で、どういう戦略や具体策が生まれるかで、その後のビジョンや年度対策が決まるので、いちばん時間と知力をかけたい箇所である。
　クロス分析は、次の4つのゾーンで構成される（再掲）。

- 「機会」と「強み」が交差する対策
　　　　→「資金も人も投入する積極的な攻勢ゾーン」
- 「機会」と「弱み」が交差する対策
　　　　→「弱みを改善してチャンスをつかむゾーン」
- 「脅威」と「強み」が交差する対策
　　　　→「強みを活かして差別化するゾーン」
- 「脅威」と「弱み」が交差する対策
　　　　→「致命傷回避・撤退縮小するゾーン」

クロス分析の定義と各ゾーンのチェックポイント

　再度、これらの4つのゾーンには、どういうことが入るのか見てみよう。基本的には、各SWOTそれぞれの窓の項目が交差するところから生まれる対策なので、ケースバイケースになってくる。
　では各ゾーンの定義、各ゾーンにはどういう戦略や具体策が入るのか、考えてみたい。

		機 会（O）
強み（S）	定 義	資金も人も投入する積極的攻勢ゾーン
	考え方	強みの要素を、期待されるマーケットや顧客のプラスの動きに、がっぷり四つで取り組む対策
	《1》	新規参入で市場が活性化した場合の自社の知名度や既存のネットワークを活かした先行者対策
	《2》	儲かっている同業者のやり方を自社の強みを活かして二番煎じの対策
	《3》	自社の強みが活かせる、新しい顧客のニーズに対応するための対策
	《4》	同業者が存続の危機に瀕していることを利用して、自社の強みをぶつければ、可能性のある対策
	《5》	政府の経済対策、規制緩和、規制強化で、新たに生まれるビジネスチャンスに自社の強みを反映させる戦略や対策
	《6》	IT化とネットの普及で様変わりするビジネス環境に、自社の強みを活かして対応できる対策
	《7》	業界に吹いている新たな風や変化が生む新マーケット（新顧客層）に自社の体力（組織力・資金力等）があればできる戦略や対策
	《8》	今後の技術革新によるマーケットの変化や商材ニーズの変化に、自社の強みを掛け合わせる戦略や対策
	《9》	技術革新やグローバル化による価格下落やコストダウンを、自社の強みに活かす戦略や対策
	《10》	顧客や業界の勢力図の変化に、自社に強みをバッティングさせる戦略や対策
	《11》	環境問題や世界的な環境投資の波に自社の強みを活かす戦略や対策
	《12》	今後も継続する国家、自治体の緊縮財政に伴い考えられる制度変更をチャンスと捉え、自社に強みをあてがえる戦略や対策
	《13》	環境の変化、競合の激化で仕入先、外注先の変化をチャンスと捉え、自社の強みで活かすための戦略や対策
弱み（W）	定 義	弱みを改善してチャンスをつかむゾーン
	考え方	中期的（2年くらい）に若干の時間をかけて改善して機会を奪取するための戦略や対策
	【1】	新規参入で市場が活性化しているのに、自社の弱みから対応できないとしたら、どういう対策で強化するか
	【2】	自社の弱みであっても、儲かっている同業者のやり方を二番煎じで真似するために行う準備と戦略は何か
	【3】	新しい顧客のニーズに対応するためには、自社のどの弱みをどう改善して対策を出すか
	【4】	同業者が存続の危機に瀕しているチャンスを利用したいが、それに対応できない自社の弱みを克服するには、どう改善するか
	【5】	政府の経済対策、規制緩和、規制強化で、新たに生まれるビジネスチャンスに対応するためには、どの弱み部分をどう改善して対策するか
	【6】	IT化とネットの普及で様変わりするビジネス環境に即対応できない自社の弱み部分を、どう中期的に改善するか
	【7】	業界に吹いている新たな風や変化が生む新マーケット（新顧客層）に弱みを克服して対応するとしたら、どういう点を改善して対策をとるか
	【8】	今後の技術革新によるマーケットの変化や商材ニーズの変化に対応するために、「弱み」である自社の課題でどこを優先的どう改善するか
	【9】	技術革新やグローバル化による価格下落やコストダウンで、市場活性化の可能性の果実を取るためには、どう弱みを改善するか
	【10】	顧客や業界の勢力図の変化に対応するためには、自社の弱みを改善する戦略や対策は何か
	【11】	環境問題や世界的な環境投資の波の中で対応するには、自社の弱みをどのように変えるか
	【12】	今後も継続する国家、自治体の緊縮財政に伴い考えられる制度変更にうまく乗れないなら、どういう弱みをどう改善するか
	【13】	環境の変化、競合の激化で仕入先、外注先の変化に対応するには、自社の弱みはどう改善すべきか

図 II-8　SWOT分析・クロス分析の定義と各ゾーンのチェックポイント

脅　威（T）	
定　義	強みを活かして差別化するゾーン
考え方	市場自体が全くなくならない限り、自社の強い要素を活かせる資金力と組織力があれば、主導的に打って出る戦略や対策
〈1〉	同業者、競合者の撤退、縮小する場合、自社の強みをぶつける戦略や具体策
〈2〉	商品の役割寿命、技術革新による代替品の成長、それに乗った他業界からの参入があった場合、活かせる自社の強みと対策
〈3〉	低価格品、低利益品が市場を変えていく場合、自社の強みでどうクリアできるか
〈4〉	取引先である既存顧客（消費者）のニーズの変化に対応できる、自社の強みを活かした方向転換策
〈5〉	主力取引先が衰退していくなら、強みを活かして歯止めできる戦略や対策
〈6〉	仕入先、外注先の衰退や方向転換があった場合の自社の強みを活かした代替戦略や支援策
〈7〉	考えられるコストアップ要素を防ぐための自社の強みを活かした戦略や対策
〈8〉	労働環境の悪化、人材獲得の問題を乗り切るための自社の強みを活かした対策
〈9〉	政府の法制化、規制緩和や規制強化による市場の変化に対応するための自社の強みを活かした戦略や対策
〈10〉	IT化、インターネット普及による脅威を打開するために、自社の強みを活かした戦略や対策
〈11〉	グローバル化による脅威を乗り切るための自社の強みを活かした対策
〈12〉	産業構造、消費構造、経済情勢の脅威が生じた場合に、自社の強みを活かした乗り切り方
〈13〉	
定　義	致命傷回避・撤退縮小ゾーン
考え方	最悪の破綻を防ぐための致命傷回避の具体策や、場合によってはリストラを含んだ撤退や縮小の具体策
[1]	同業者、競合者が撤退、縮小する場合、自社の弱みで同じような対策を取るにはどうするか
[2]	商品の役割寿命、技術革新による代替品の成長、それに乗った他業界からの参入があった場合、致命傷回避のための喫緊の対策は何か
[3]	低価格品、低利益品が市場を変えていく場合、弱みが足かせになるなら、違うフィールドで戦うにはどういう戦略をとるか
[4]	取引先である既存顧客（消費者）のニーズの変化に対応できない自社の弱みがあるなら、喫緊の方向転換策は何か
[5]	主力取引先が衰退していくなら、護送船団で一緒に溺れないための致命傷回避策は何か
[6]	仕入先、外注先の衰退や方向転換があった場合、弱みで代替戦略や支援策が打てない場合のリストラ策は何か
[7]	考えられるコストアップ要素を吸収できない自社の弱みがあるなら、その回避策やリストラ戦略は何か
[8]	自社の弱みにより労働環境の悪化、人材獲得の問題点を乗り切れないと判断した場合に取る回避策や第3の方法は何か
[9]	政府の法制化、規制緩和や規制強化による市場の変化に対応できない自社の弱みがある場合、どういう回避策やリストラがあるか
[10]	IT化、インターネット普及による脅威を打開したいが、自社の弱みでうまく対応できないなら、どういう第3の方法や回避策があるか
[11]	自社の弱みから、グローバル化による脅威を乗り切れないと判断した場合の回避策やリストラ策は何か
[12]	産業構造、消費構造、経済情勢の脅威を自社の弱みから対応できないなら、どういう回避策があるか
[13]	

II　中小企業の効果的なSWOT分析の進め方

〈資金も人も投入する積極的な攻勢ゾーン〉

　まず、「機会(O)」と「強み(S)」が交差する「資金も人も投入する積極的な攻勢ゾーン」である。このゾーンは、市場(マーケット)が求めていることであり、今すぐでも何らかの対策を打ち出すべきことに加えて、自社の強みが反映される対策となる。「積極戦略」と言われるこのゾーンは、強みの分野を、期待されるマーケットや顧客のプラスの動きに、がっぷり四つで取り組むことになる。第1優先課題の対策が入るゾーンである。

〈致命傷回避・撤退縮小ゾーン〉

　次に「脅威(T)」と「弱み(W)」が交差する「致命傷回避・撤退縮小ゾーン」である。このゾーンも喫緊の課題や対策が必要なゾーンである。なぜなら、市場や顧客が大きく脅威になっているのに、自社の弱みが大きく影響して、最悪の場合「破綻」しかねない状況にあることを意味している。したがって、そうならないための「致命傷回避の具体策」や「場合によってはリストラを含んだ撤退や縮小の具体策」が求められているのである。

　ここでは消極策やてこ入れ対策をしっかり決めなければならない。大きなマイナステーマなのに、「あちらを立てればこちらが立たず」と右往左往したり、遅疑逡巡することが、かえってマイナス幅を増やすことになる。基本的には「勇気ある決断」の対策が入る。したがって、このゾーンでは致命傷回避というシナリオと撤退縮小も視野に入れたリストラチャリング(事業再構築)の対策が必要となる。

　通常、このゾーンを検討するときには、なかなかダイナミックなリストラ策が出ないことのほうが多い。経営者は頭では分かっているが、それが「面子」か「お家事情」か「同族事情」かなどの、さまざまなファクターが絡まって意思決定できないのである。このゾーンを具体的にダイナミックに検討するなら、別の機会をつくって経営者のみとじっくり話を進めたほうがよい。幹部を入れた状況で深い議論はしないほうが好ましい。

〈弱みを改善してチャンスをつかむゾーン〉

　次に「機会(O)」と「弱み(W)」が交差する「弱みを改善してチャンスをつかむゾーン」である。このゾーンは、目の前に期待されるマーケットや顧客の大きな変化があるのに、残念ながらその果実を即奪取できるような内部体制（組織や企業体力）ではなく、みすみす取り逃がしをしてしまいそうな箇所である。

　一般には、このゾーンの対策は、「中期的に若干の時間をかけて改善していく」対策が中心になる。しかし、昨今の経営環境を考えると、この中期の期間は2年程度が妥当だと考える。昔のように「中期のスパンとは3～5年」などと悠長なことを言っている時代ではない。

〈強みを活かして差別化するゾーン〉

　最後に「脅威(T)」と「強み(S)」が交差する「強みを活かして差別化するゾーン」である。このゾーンは、自社を取り巻く顧客や商材の市場ニーズの減少か、価格圧力なのか、グローバリゼーションの影響かで脅威に瀕しており、同業者も撤退や縮小をしているかもしれない。自社の強い分野が合致しているため、単に市場減退だけを見れば、強いことがマイナスに作用するようになる分野である。

　しかし、昔から「残存者利益」や「規模のメリット」と言われるように、他の同業者が撤退すれば、残った自社は市場の主導権をとるかもしれない。また、自社が強ければ、M&Aを通じて主導的に規模のメリットを出すこともありうる。その市場自体がまったくなくなるということでない限り、強みを活かせる資金力と組織力があれば、主導的に打って出ることも十分考えられるゾーンである。

　ただ多くの中小企業では、そういうケースは稀であり、大手・中堅企業やもともと専門性・特殊性の中小企業に該当するゾーンかもしれない。それでも、一般の中小企業がこのゾーンで検討するとしたら、やはり自社の明確な差別化と、それをぶつけるライバルや市場を明確に打ち出すことがこのゾーンでの対策となる。

2) どのクロス分析ゾーンに入るかは自由

自由な議論からスタート！

　クロス分析のゾーン別の検討をしていくうちに、4つの窓ごとに検討した対策や戦略が重なって同じような内容になることがある。そして、「この対策はどのゾーンに入れるべきか」でけっこう悩んだりするものだ。しかし、後からクロス分析の集計と優先順位付けを行うので、あまり深く考えず、どのゾーンに入ってもかまわないというラフな気持ちに議論を誘導することが必要だ。

　考えてみれば、いつも考えていることを明確にするのがSWOT分析の一つの目的であるから、戦略や対策が各ゾーン別にそれほど多岐にわたってたくさん出てくることは考えにくい（小さい対策まで何でも並べれば個数は増えるが…）。もともと、ある程度限定した戦略や対策のはずだから、似通った表現になるのは当たり前である。したがって、どのゾーンに入れるかで悩む必要はないのである。「とにかく自由に議論を！」である。

　次に、各ゾーンの意見の出し方である。

　慣れてくれば、「機会の各項目と強みの各項目を俯瞰して、考えられる対策は何か」と質問してもそれなりに答えられるかもしれない。そうは言っても、慣れていない中小企業の経営者や幹部には、それでは少しハードルが高いと言える。そこで、1つ1つの組み合わせで対策や意見を言ってもらってもかまわないことにする。

　例えば、「機会の①と強みの⑦から言えることは、××を行うことだと思う」というようにである（図II-9-①、②）。

　これなら該当項目が明確だし、クロスゾーンもはっきりしている。そういう意見をたくさん聞きだし、似たような内容なら1つに集約する。ただし前述のようにこういう聞き方だと、戦略や具体策が同じな

のに、違うゾーンで答えが出ることもあるので、ゾーンにこだわらずと言ったのである。

3)「強み」「機会」の積極戦略

外部環境を中心とした戦略や対策の出し方

　クロス分析で最初に検討するゾーンであることは前述したとおりである。このクロス分析の「強み」、「機会」の内容には、どういうことが入るのかを詳細に説明した書籍もデータも、あまりないのが実状である。

　当然のことだが、これはそれぞれの企業によって「機会」の内容と「強み」の内容が異なるのだから、定義付けはできても、方向性まで決められないのは言うまでもない。

　ただ、それでは、この手の議論にあまり慣れていない中小企業の経営者や幹部には不親切でもある。まったく意見が出ないこともあり、途中で議論を投げ出す人まで出るかもしれない。そこで、半ば無理やりであるが、各ゾーン別に「外部環境を中心とした戦略や対策の出し方」のキーワードを作成してみた。図II-8 を参照していただきたい。

　まずは、「強み」と「機会」の積極戦略である。

《1》新規参入で市場が活性化した場合の自社の知名度や既存のネットワークを活かした先行者対策は何か
《2》儲かっている同業者のやり方を自社の強みを活かして二番煎じで行う対策は何か
《3》自社の強みが活かせる新しい顧客のニーズに対応するための対策は何か
《4》同業者が存続の危機に瀕していることを利用して、自社の強みをぶつければ、可能性のある対策は何か

※2～3か年の基本戦略に的を絞る

基本ターゲット	
ラ イ バ ル	
地　　　域	
商　　　材	
そ の 他	

	強 み（S）
内部要因	《1》ターゲット業者と比較して、自社が勝っていると自信のある点（ヒト、モノ、カネ、技術、情報、効率、社内環境等）
	《2》今まで事業が継続発展してきた要素別の理由（ヒト、モノ、カネ、技術、情報、効率、社内環境等）
	《3》顧客から評価されている事項、認められている点
	《4》営業面全般での強みと言えるポイント
	《7》生産面、開発面、その他の部門において強みと言えるポイント
	《8》実践していることで業績に直結している点
	弱 み（W）
	《1》ターゲット業者と比較して、自社が明らかに負けている点（ヒト、モノ、カネ、技術、情報、効率、社内環境等）
	《4》業績悪化要因につながっている弱み
	《5》商品力、開発力、サービス力での弱み
	《6》コスト力、価格力での弱み
	《9》顧客クレームで多い項目の要因
	《10》明らかに弱みと思われる社内事情（風土、気質、モチベーション等）

図 II-9-① クロス分析の各ゾーンを導き出す（イメージ図）

外 部 要 因	
機 会（O）	脅 威（T）
《1》新規に参入する業者ができると、市場はどう活性化されるか	《1》同業者、競合者、大手の動きで脅威には何があるか
《2》今業界苦境の中で発展している同業者は、何が市場ニーズにあっているのか	《2》商品の役割寿命、技術革新による代替品の成長、それに乗った他業界からの参入は何が脅威か
《3》顧客（消費者）は今後、どういう商品サービスにはメリットを感じて購入してくれると思うか	《3》低価格品、低利益品がどう市場を変え脅威になっていくか
《4》不況や経済危機、倒産の増加は、自社にどうプラス作用するか	《4》取引先である既存顧客（消費者）のニーズはどうマイナスに作用するか
《5》政府の経済対策、規制緩和、規制強化は自社のマーケットにどうプラス面があるか	《5》主力取引先は、どういうマイナス要因で衰退していくか
《6》IT化、インターネットの普及で可能性あるビジネスチャンスは何か	《6》仕入先、外注先には今後、どういう脅威があり得るか
《7》今後のどういう変化が、どういう新たな購買層、顧客層を生むと思われるか	《7》コストアップ要素として何が考えられるか
自社の強みを活かして、さらに伸ばしていく対策。または積極的に投資や人材配置して他社との競合で優位に立つ戦略	自社の強みを活かして、脅威をチャンスに変えるには何をどうすべきか
	具体的な戦略や対策
具体的な戦略や対策	
自社の弱みを克服して、事業機会やチャンスの波に乗るには何をどうすべきか	自社の弱みが致命傷にならないようにするにはどうすべきか。またはこれ以上傷口を広げないために撤退縮小する対策は何か
具体的な戦略や対策	

II 中小企業の効果的な SWOT 分析の進め方　75

まずは単年度と中期の色分け
次に単年度と中期のそれぞれでベスト選択

単年度対策	
中 期 対 策	

	強 み（S）
内部要因	《1》ターゲット業者と比較して、自社が勝っていると自信のある点（ヒト、モノ、カネ、技術、情報、効率、社内環境等）
	《2》今まで事業が継続発展してきた要素別の理由（ヒト、モノ、カネ、技術、情報、効率、社内環境等）
	《3》顧客から評価されている事項、認められている点
	《4》営業面全般での強みと言えるポイント
	《7》生産面、開発面、その他の部門において強みと言えるポイント
	《8》実践していることで業績に直結している点
	弱 み（W）
	《1》ターゲット業者と比較して、自社が明らかに負けている点（ヒト、モノ、カネ、技術、情報、効率、社内環境等）
	《4》業績悪化要因につながっている弱み
	《5》商品力、開発力、サービス力での弱み
	《6》コスト力、価格力での弱み
	《9》顧客クレームで多い項目の要因
	《10》明らかに弱みと思われる社内事情（風土、気質、モチベーション等）

図 II-9-② 　クロス分析の優先順位決め（イメージ図）

外　部　要　因	
機　会（O）	脅　威（T）
《1》新規に参入する業者ができると、市場はどう活性化されるか	《1》同業者、競合者、大手の動きで脅威には何があるか
《2》業界苦境のなかでも発展している同業者は、何が市場ニーズにあっているのか	《2》商品の役割寿命、技術革新による代替品の成長、それに乗った他業界からの参入は何が脅威か
《3》顧客（消費者）は今後、どういう商品サービスにはメリットを感じて購入してくれると思うか	《3》低価格品、低利益品がどう市場を変え脅威になっていくか
《4》不況や経済危機、倒産の増加は、自社にどうプラス作用するか	《4》取引先である既存顧客（消費者）のニーズはどうマイナスに作用するか
《5》政府の経済対策、規制緩和、規制強化は自社のマーケットにどうプラス面があるか	《5》主力取引先は、どういうマイナス要因で衰退していくか
《6》IT化、インターネットの普及で可能性あるビジネスチャンスは何か	《6》仕入先、外注先には今後、どういう脅威があり得るか
《7》今後のどういう変化が、どういう新たな購買層、顧客層を生むと思われるか	《7》コストアップ要素として何が考えられるか
自社の強みを活かして、さらに伸ばしていく対策。または積極的に投資や人材配置して他社との競合で優位に立つ戦略	自社の強みを活かして、脅威をチャンスに変えるには何をどうすべきか
具体的な戦略や対策　優先1	**具体的な戦略や対策**
具体的な戦略や対策　優先2	具体的な戦略や対策　仕掛け優先5
具体的な戦略や対策　仕掛け優先1	**具体的な戦略や対策　優先5**
自社の弱みを克服して、事業機会やチャンスの波に乗るには何をどうすべきか	自社の弱みが致命傷にならないようにするにはどうすべきか。またはこれ以上傷口を広げないために撤退縮小する対策は何か
具体的な戦略や対策　仕掛け優先3	**具体的な戦略や対策　優先3**
具体的な戦略や対策　優先4	具体的な戦略や対策　仕掛け優先4
	具体的な戦略や対策　仕掛け

《5》 政府の経済対策、規制緩和、規制強化で、新たに生まれるビジネスチャンスに自社の強みを反映させる戦略や対策は何か

《6》 IT化とネットの普及で様変わりするビジネス環境に、自社の強みを活かして対応できる対策は何か

《7》 業界に吹いている新たな風や変化が生む新マーケット（新顧客層）に自社の体力（組織力・資金力等）があればできる戦略や対策は何か

《8》 今後の技術革新によるマーケットの変化や商材ニーズの変化に、自社の強みを掛け合わせる戦略や対策は何か

《9》 技術革新やグローバル化による価格下落やコストダウンを自社の強みに活かす戦略や対策は何か

《10》 顧客や業界の勢力図の変化に、自社に強みをバッティングさせる戦略や対策は何か

《11》 環境問題や世界的な環境投資の波に自社の強みを活かす戦略や対策は何か

《12》 今後も継続する国家、自治体の緊縮財政に伴い考えられる制度変更をチャンスと捉え、自社の強みをあてがえる戦略や対策は何か

《13》 環境の変化、競合の激化で仕入先、外注先の変化をチャンスと捉え、自社の強みで活かすための戦略や対策は何か

4）「弱み」「脅威」の致命傷回避戦略

次に、目の前に脅威が迫っているのに自社の内部要因が対応できず、致命傷になりかねないゾーンの検討である。

これも先述のように、「ダイナミックな対策」が求められるが、一般的にはこじんまりした対策に終始することが多いゾーンである。危機感があっても危機感と連動しない戦略や対策がまかり通っていると言

えば言い過ぎかもしれないが…。

「弱み」と「脅威」の致命傷回避・撤退縮小戦略は次のとおりである。

《1》 同業者、競合者が撤退、縮小する場合、自社の弱みで同じような対策を取るにはどうするか

《2》 商品の役割寿命、技術革新による代替品の成長、それに乗った他業界からの参入があった場合、致命傷回避のための喫緊の対策は何か

《3》 低価格品、低利益品が市場を変えていく場合、弱みが足かせになるなら、違うフィールドで戦うにはどういう戦略をとるか

《4》 取引先である既存顧客（消費者）のニーズの変化に対応できない自社の弱みがあるなら、喫緊の方向転換策は何か

《5》 主力取引先が衰退していくなら、護送船団で一緒に溺れないための致命傷回避策は何か

《6》 仕入先、外注先の衰退や方向転換があった場合、弱みで代替戦略や支援策が打てない場合のリストラ策は何か

《7》 考えられるコストアップ要素を吸収できない自社の弱みがあるなら、その回避策やリストラ戦略は何か

《8》 自社の弱みにより労働環境の悪化、人材獲得の問題点を乗り切れないと判断した場合に取る回避策や第3の方法は何か

《9》 政府の法制化、規制緩和や規制強化による市場の変化に対応できないの自社の弱みがある場合、どういう回避策やリストラ策があるか

《10》 IT化、インターネット普及による脅威を打開したいが、自社の弱みでうまく対応できないなら、どういう第3の方法や回避策があるか

《11》 自社の弱みから、グローバル化による脅威を乗り切れないと判断した場合の回避策やリストラ策は何か

II　中小企業の効果的なSWOT分析の進め方　79

> 《12》産業構造、消費構造、経済情勢の脅威に自社の弱みから対応できないなら、どういう回避策があるか

5)「弱み」「機会」の改善戦略

　3番目が「弱み」と「機会」の改善戦略である。もともと内部的には弱みのゾーンで、せっかくマーケットが求めているのに対応できない社内事情を、少しだけ時間をかけて対策をとる分野である。具体策の多くが中期計画に入るような項目である。

　ただ、すべての具体策が中期に入るというわけではない。ここで言いたいのは、「中小企業なら、これ以外にも優先順位の高い仕事があるのに、優先度を高めても実行できないのがほとんどだからである。さらに、このゾーンの対策で成果を出すのは中期だが、そのための仕掛けや準備は当然、この1年間の具体策である」ということだ。

> 《1》新規参入で市場が活性化しているのに、自社の「弱み」から対応できないとしたら、どういう対策で強化するか
> 《2》自社の「弱み」であっても、儲かっている同業者のやり方を二番煎じで真似するために行う準備と戦略は何か
> 《3》新しい顧客のニーズに対応するためには、自社のどの「弱み」をどう改善して対策を出すか
> 《4》同業者が存続の危機に瀕しているチャンスを利用したいが、それに対応できない自社の「弱み」を克服するには、どう改善するか
> 《5》政府の経済対策、規制緩和、規制強化で、新たに生まれるビジネスチャンスに対応するためには、どの「弱み」部分をどう改善して対応するか
> 《6》IT化とネットの普及で様変わりするビジネス環境に即対応

できない自社の「弱み」部分を、どう中期的に改善するか
- 《7》業界に吹いている新たな風や変化が生む新マーケット（新顧客層）に「弱み」を克服して対応するとしたら、どういう点を改善して対策をとるか
- 《8》今後の技術革新によるマーケットの変化や商材ニーズの変化に対応するために、「弱み」である自社の課題でどこを優先的どう改善するか
- 《9》技術革新やグローバル化による価格下落やコストダウンで、市場活性化の可能性の果実を取るためには、どう「弱み」を改善するか
- 《10》顧客や業界の勢力図の変化に対応するためには、自社の「弱み」を改善する戦略や対策は何か
- 《11》環境問題や世界的な環境投資の波の中で対応するには、自社の「弱み」をどのように変えるか
- 《12》今後も継続する国家、自治体の緊縮財政に伴い考えられる制度変更にうまく乗れないなら、どういう「弱み」をどう改善するか
- 《13》環境の変化、競合の激化で仕入先、外注先の変化に対応するには、自社の「弱み」はどう改善すべきか

6）「強み」「脅威」の差別化戦略

　クロス分析の最後のゾーンが「強みと脅威の差別化戦略ゾーン」である。これも繰り返しになるが、差別化が少しでも可能性がある中小企業にとっては決して4番目の作業ではない。もっと上位に位置づけされるテーマである。しかし、多くの中小企業では、そういう差別化がむずかしいことが多い。
　筆者が、「社長、御社の差別化は何ですか」と聞いたら、「社員が真

面目で、労をいとわずに働くことです」と答えたとする。それは社風としては素晴らしいし、この社長はよい人材教育をしているかもしれない。しかし、それでは差別化にはならない。または百歩譲って、その差別化要素を評価してくれている顧客がいたとしても、生産性が上がるほどではない。

「人材力がすべて」とは多くの経営者が言うことだが、人材力に含まれる要素のうち、この「真面目」や「労をいとわない」という項目は業績を変えるほどの大きさはないようだ。もっと根源的な、もっと戦略的なことがさらに必要なのである。

「強みと脅威の差別化ゾーン」のポイントは、以下のとおりである。

《1》同業者、競合者が撤退、縮小する場合、自社の「強み」をぶつける戦略や具体策は何か

《2》商品の役割寿命、技術革新による代替品の成長、それに乗った他業界からの参入があった場合、活かせる自社の「強み」と対策は何か

《3》低価格品、低利益品が市場を変えていく場合、自社の「強み」でどうクリアできるか

《4》取引先である既存顧客(消費者)のニーズの変化に対応できる、自社の「強み」を活かした方向転換策は何か

《5》主力取引先が衰退していく場合、「強み」を活かして歯止めできる戦略や対策は何か

《6》仕入先、外注先の衰退や方向転換があった場合、自社の「強み」を活かした代替戦略や支援策は何か

《7》考えられるコストアップ要素を防ぐための自社の「強み」を活かした戦略や対策は何か

《8》労働環境の悪化、人材獲得の問題を乗り切るための自社の「強み」を活かした対策は何か

《9》政府の法制化、規制緩和や規制強化による市場の変化に対応

するための自社の「強み」を活かした戦略や対策は何か
《10》IT化、インターネット普及による脅威を打開するために、自社の「強み」を活かした戦略や対策は何か
《11》グローバル化による脅威を乗り切るための自社の「強み」を活かした対策は何か
《12》産業構造、消費構造、経済情勢の脅威が生じた場合に、自社の「強み」を活かした乗り切り方は何か

7）クロス分析中に出る新たな「脅威」「機会」「弱み」「強み」

　クロス分析での各ゾーンの検討をしていくと、戦略や具体策は重複することは先にも述べたとおりである。

　ここでは、4つの窓の「脅威」、「機会」、「弱み」、「強み」はすでに出ているから、そのなかからクロス戦略を探すと一般的には言われている。しかし、実際の検討会では多々あったことであるが、クロス分析をしている最中に、新たな「機会」、「脅威」の情報が挙がったり、違う見方の「強み」が挙がったりする。その場合は、各4つの窓には余白を設けておいて、意見が出るたびに追加すればよい。そして、追加された4つの窓の項目を1つずつクロス分析してもかまわない。

　筆者の経験から言っても、クロス分析の作業中に出た「機会」、「脅威」、「強み」は、けっこう本質的な重要な項目が多い。「弱み」が抜けているが、この「弱み」は悪い箇所の念押しになるだけで、クロス分析中に画期的な弱みが発見されることはあまりない。

　一般に、クロス分析を模造紙やホワイトボードを使って行うと、書かれた4つの窓やゾーンには追加しにくいことがある。したがって、前にも述べたようにパソコンとプロジェクターを使い、スクリーンに映して、そのつど修正するほうが効率的である。

8) クロス分析対策から優先順位決め

　各ゾーンからそれぞれ重要な戦略や対策が出た後は、どこから手をつけるかの優先順位を決めなければならない。
　前述したように、クロス分析の順位は、確かに「積極戦略ゾーン」、「致命傷回避戦略ゾーン」、「改善戦略ゾーン」、「差別化戦略ゾーン」であった。しかし、各対策の優先順位は、必ずしもその順番にとらわれるものではない。なぜなら、自社の都合や状況により、取り組みやすいテーマも異なってくるからだ。さらに、クロス分析の表現の具体性もよく検証しなければならない。
　クロス分析の戦略や対策の表現が即実施可能なことなのか、準備や仕掛けに時間がかかることなのかで、やはり優先度は異なる。
　この「優先順位決め」を検討しているときに、つくづく思うことがある。クロス分析内容の掘り下げが低い表現のまま記載していると、パッと見た感じでは行動しやすい対策だと思っていたのが、いざ具体的に検討してみると、ハードルが高く、即実行は不可能なこともある。こんなときは、優先順位が高いテーマに挙がっても、遠慮せずにドンドン後回しにして、できる対策と緊急課題に傾注すべきである。
　優先順位の分け方は、テーマや重要性、緊急度によって、大きく「単年度（喫緊）」と「中期（2か年）」に分けられる。これは、クロス分析の色分けさえすればよい。
　次に、単年度（喫緊）の項目のなかから、緊急度に応じて優先順位をベスト5くらいを選ぶ（図II-9-②を参照）。また、中期（2か年）の項目に上げたものでも、その仕掛けや準備において、単年度中に実行しなければ実現不可能な項目もベスト5くらいは選択しておく。
　戦略や対策を整理すると、「単年度の対策」が「喫緊の課題」と「中期実現のための単年度中の準備・仕掛け課題」に分けられる。それぞれについて、実行計画を立てることが求められる。ただ現実には、目

の前の喫緊の対策に意識を奪われ、「中期実現のための単年度中の準備・仕掛け課題」を蚊帳の外の置くケースが目立つ。しかし、構造改革につながる抜本戦略のほとんどが、この中期課題に入っているので、この準備や仕掛けをしなければ、中小企業の根本的な変革や経営革新は実現不可能になっていく。

　運よく、自社努力以外で、景気回復や市場構造を変える商材や戦略、顧客の情報が他力本願によってもたらされることもあるかもしれない。しかし、自ら仕掛けて産みの苦しみを経験しながら得た戦略は尊いものである。「運を天に任せない」ためにも、「人事を尽くした」このような分析は中小企業でも必要だと痛感する。

5　ビジョンと単年度の経営具体策の整理 （体系図の整理）

1） 分かりやすく説明するための「見える戦略ツール」

「見える化」でベクトルを合わす

　SWOT分析検討会に参加した経営者や幹部は、さまざまな検討から生まれたクロス分析や優先課題などは当然理解しているはずだ。可能なら全社員で検討しておけば、全社員がその過程を知っており、意思統一にも時間がかからない。

　どの組織でも、一部の上層部で決めた戦略や方針を末端まで浸透させるのがいちばんむずかしく、いかに業績回復のための戦略や仕掛けを決めても、実行に移して果実を手にするには、全員の行動のベクトルが合っていなければならない。しかし、言葉でいかに説明してもなかなか理解が浸透せず、説明する人の意識の温度差で伝わり方や重要度までが変わってくるのである。

　そこで、昨今の経営管理手法でよく言われる「見える化」をここでも使うべきだと考える。

　「なぜ、そのような戦略や対策を決めたのか」、「その中期目標が生まれた背景は何か」、「その目標を実現するにはどんな行動を取るべきか」を体系図にして、分かりやすくするのである。

「見える化」は頭をシンプルにするためのツール

　これから紹介する体系図は、社内の説明用に作ったものだが、外部への説明にも十分使えるものだ。例えば、融資を受けている金融機関に今後の戦略や方針を用紙1枚で説明するためにも使えるし、協力業

者等へ自社の戦略を説明するときにも使える。

　このような体系図はこれまでもさまざまなところで活用されてきた。QCなどで一般的な「特性要因図」や「フローチャート」なども「見える化」の一環である。最近脚光を浴びた「マインドマップ」も考え方の「見える化」であり、潜在意識まで見出すものであった。

　この体系図の整理と「見える化」は、他人用の説明ツールとしての機能だけではない。今までSWOT分析やクロス分析、優先順位決めなどで検討してきたことを再度、整理し、頭をシンプルにするためのツールでもある。

　この体系図を整理し、何回も説明することで、参加者も参加していない社員も「図」としてイメージが脳裏に刻まれれば、それだけでベクトルは合いやすくなっていくものである。

2) 体系図の作成方法

〈これからの経営・環境予測〉

　体系図は、ここでは「SWOT分析から中期経営方針、単年度具体策体系図」と読んでいる。なるべく1枚で網羅したいので、かなり欲張りな書き方になっているが、1枚で背景から具体策まで説明すると、どうしても大きくなっていくものだ。

　書き方の手順と内容について、図II-10に沿って説明する

　まず、いちばん左側に「これからの経営・環境予測(考えられるシナリオ)」とある。ここには、SWOT分析で出た「機会」と「脅威」のなかで影響度の大きい主要な項目をピックアップする。

　これを最初にもってきたのは、外部環境の認識の上に各種戦略や対策をもってきたということで、「手前勝手な対策」、「独りよがりの対策」ではないことを明記するためである。

これからの経営・環境予測
（考えられるシナリオ）

SWOT分析結果による戦略事項
（クロス分析 単年度・中期と仕掛けベスト5〜10）

影響の大きい主要な機会	

強みと機会（資金も人も投入する積極的攻勢）	
単年度優先	
優先中期と仕掛	

弱みと脅威（致命傷回避、撤退縮小）	
単年度優先	
優先中期と仕掛	

影響の大きい主要な脅威	

弱みと機会（弱みを改善しチャンスをつかむ）	
単年度優先	
優先中期と仕掛	

強みと脅威（強みを活かして差別化する）	
単年度優先	
優先中期と仕掛	

図 II-10　SWOT分析から中期経営方針、単年度具体策体系図

会社名（　　　　　　　　　）

自社の目指すべき姿と目標と指標または基準（3年後）…中期ビジョン

それを実現するためのこの1年間の取り組み（何を、どう、具体的に着手するか）…何をアクションしたいかが分かる表現で

絶対死守すべき基本条件・実現すべき戦略	・自社が倒産しないために中期でも死守すべき基本条件 ・中期で生き残りのための構造改革して、新たな収益体制をつくる項目 ・新戦略・新目標・転換戦略
生産開発体制	・中期対策を実現するために開発すべきこと ・開発実現に向けた準備事項 ・中期対策で収益化するための生産体制や管理体制
販売体制	・中期対策を実現するために商材・顧客・販売組織づくりで行うべきこと ・中期実現に向けた体制の準備事項 ・中期対策で収益化するための販売体制や管理体制
組織体制	・中期対策を実現するための組織体制 ・新組織実現に向けた準備事項 ・中期対策で収益化するための新体制や管理
財務基盤	・中期対策を実現するための財務目標 ・財務強化実現に向けた準備事項
戦略投資（ソフト・設備）	・中期対策を実現するために投資すべきこと ・投資に向けた準備事項 ・中期対策で収益化するための投資基盤や管理体制
他	

業績（顧客・商材・売上・利益等）に関する目標と対策	・伸ばすべき商材や減らすべき商材をどう今期中にもってくるのか ・伸ばすべき顧客や減る顧客、開拓すべきチャネルはどれくらい今期中にもってくるのか ・その結果、売上、利益をどういう目標にするのか（アバウトでもOK）
営業部門の重点対策	
生産部門の重点対策	
管理部門の重点対策	
経費削減・コスト削減の重点対策	
その他部門の重点対策	

II　中小企業の効果的なSWOT分析の進め方

〈SWOT分析結果による戦略事項〉

　次に、「SWOT分析結果による戦略事項(クロス分析　単年度・中期と仕掛けベスト5〜10)」という項目である。ここには、クロス分析の結果、単年度の緊急対策から選ばれたベスト5〜10と、中期戦略とそれを実行するための単年度中に必要な仕掛けから選ばれたベスト5〜10を、各クロス分析の欄に整理する。単年度の喫緊対策も中期とその仕掛けも一緒に扱うことで、目の前だけではない方針と戦略を理解させるためである。

〈中期ビジョン〉

　次に、「自社の目指すべき姿と目標と指標または基準(3年後)…中期ビジョン」を記入する。これは、クロス分析から生まれた中期ビジョンに影響する戦略や具体策を確認し、どういう目標や方向性を目指すべきかを整理する。

　まず、「絶対死守の基本条件・実現すべき戦略」を整理する。一般に中期ビジョンと言えば、積極的な方針や中期業績目標などをイメージしがちだが、それよりもクロス分析で生まれた「潰れないための対策」、「生き残りができる戦略」に的を絞っている。消極的な表現に見えるかもしれないが、「守るための戦略＝攻める戦略」であると考えている。攻める対策がなければ守れないのだから、表現こそ保守的だが、実際はクロス分析の「中期方針や中期戦略」のことを指している。

　その後に、中期を実現するための「生産体制」、「販売体制」、「組織」、「財務」、「戦略投資」等と分かれているが、この内容の多くもクロス分析にヒントが入っているはずである。詳細は図II-10の説明書きを参考にしていただきたい。

〈実現するための1年間の取り組み〉

　次に「それを実現するためのこの1年間の取り組み(何を、どう、具体的に着手するか)……何をアクションしたいかが分かる表現で」である。

　中期の方向性や対策が決まったので、ここでは、中期を実現するた

めの今期中の準備や仕掛け、そして中期に関係なく「単年度中の喫緊の対策」をより具体的な表現で、行動内容がある程度イメージできるように記述する。

　単年度の目標や具体策になるので、いちばん上にあるような「業績（顧客・商材・売上・利益等）に関する目標と対策」に関することを、まず整理する。例えば、伸ばすべき商材や減らすべき商材をどう今期中にもってくるのか。伸ばすべき顧客や減る顧客、開拓すべきチャネルはどれくらい今期中にもってくるか。その結果、売上、利益をどういう目標にするのか（アバウトでもOK）。

〈各部門の対策〉

　次に、各部門の対策の欄がある。ここには、単年度中に実行した経営戦略や業績方針に基づいて、各部門が行うより詳細な行動方針が入ってくる。一般的な進め方としては、例えば「業績に関する目標と対策」を実現するには、「営業部門」、「生産部門」、「管理部門」はどういうアクションをしなければならないのかを、論理的に考えることになる。仮に中小企業で、そういう部門分けができていない場合は、部門別の表現にしなくてもかまわない。

　この欄の下のほうに「経費削減・コスト削減の重点対策」を設けている。構造改革やリストラ策を実施するということは、具体的な方法論が求められるので、あえてこの欄は別扱いにしている。営業関係、生産関係、管理関係の各種対策のなかでも「経費削減」、「コスト削減策」はこの欄にもってくる。

　SWOT分析のなかで、差別化できて付加価値で勝負できるという企業の魅力がなければ、好むと好まざるにかかわらず、価格競争に入っていく。ならば、自社の規模でできる範囲のコスト削減を実施していないと、最初から勝負ができなくなってくる。

　このような体系図を改めて整理し、クロス分析で得た戦略や対策と単年度の行動が連動しているかを確認していただきたい。これが連動

していないと、「社員に痛みを分かち合う各種の対策」への理解が深まらず、得てして縮小均衡型の不協和音経営になりかねない企業をたくさん見てきた。

　経営者は厳しい経営方針を貫くときには、説明にブレがあってはいけない。そのブレは社員の不安感を誘い、一致団結しての対策がとれないことにつながるからだ。

　こういう体系図を通じて何回説明しても同じ説明ができることは、トップの決意がぶれていない証拠になり、経営者を信頼して社員がついていく重要な要素となる。

6　単年度対策の実行計画化
　　（期限と担当の明確化）

1）四分の一半期実行計画落し込み表

　SWOT分析を通じて、何をすべきかの具体策が決まったら、それを実行計画に落とし込む作業が必要である。

　この実行計画をどれくらい具体的にするかで進捗度が変わってくる。特に中小企業の場合、第三者の行司がいなければ、「いつまでに」、「誰が」、「何を」、「どのようする」という決定事項が出てこない土壌がある。仮に、「いつまでに」、「誰が」、「何を」、「どのように」まで決まったとしても、その過程（プロセス）についての議論がないことが多いので、決定しても遵守されないことになる。

　分かりやすい例で言おう。

　例えば、「田中部長がA社を新規開拓して、B商品の販売を行う。半年先の○月までに実績を出す」という具体策があったとする。

　「田中部長」と「A社」、「B商品」、「新規開拓」、「○月まで」というキーワードはよいが、それを実現するまでにはいろいろなプロセスを踏むはずである。まだ関係ができてないA社なら、どういう段取りでキーマンを攻略するか、プレゼンをいつ行うか、紹介をもらうのか等、業績になるまでに必要な段取りがある。また、その中間状況はどの会議で報告するのか等、最低でもいくつかの段取りを踏まねば実現できないことであろう。

　これは会計事務所の事例だが、例えば「今期中に10社の顧問先向けに経営計画書の提案と施行を行う」という具体策があったケースである。

一般には、まず商品案内するなら、それに相応しいパンフレットやツールは、いつまでに、誰が作成するのかが必要になる。いかに日頃から人間関係のある顧問先といっても、何もない状況で説明しても相手は理解してくれないだろう。

　その場合、「パンフは誰がいつまでに作るのか」、「ツールは誰がいつまでに作るのか」などのプロセスを決めねばならない。

　さらに、経営計画書をピーアールするのに、職員のマンパワーだけでいいのかという問題もある。セミナーを開催して理解してくれる企業を増やしたほうが経営計画書の必要性も感じやすくなるはずだ。それならば「セミナーは誰がいつまでに企画し、いつ開催する予定か」も決める必要がある。

　このように、プロセスまで検討して「見える化」したほうが実行度は上がる。中小企業もまったく同じである。

2) 四分の一半期実行計画落し込み表の記入方法

　では、図II-11の実例にあるような「四分の一半期行動落し込み表」の記入方法について説明する。このシートも経営者や幹部と一緒に作成して、その後のチェックを行うようにする。

　まず左の欄の「重点具体策」には、クロス分析から生まれた今期中の実施課題である具体策を書く。今期中の課題には「中期のための仕掛け」も入る。

　次に、その右側に「重点具体策を実行するために必要な準備、段取り、詳細内容」を書く。ここでは、具体的に行動内容が見えるような表現にし、「誰がいつまでにどのように」と言えるような具体的な行動項目にする。

　その次の欄は「担当」と「その段取りの期限」である。

　表右側の四分の一半期ごとのスケジュールでは、「重点具体策を実現

するために必要な行動や段取り全般に渡って、何月にどこまで行うのか」を明確にする。特に「どの会議でどこまで報告するか」を決めることで、絶対死守期限としている。

その下の「結果欄」は毎月の会議でチェックした結果を記入し、何かの理由で期限が延びれば、次の期限を再度計画欄に記入するし、新たなテーマが生まれればそれも追記する。

事例は、あるメーカーのケースである。

例えば、重点具体策の2番目に「汎用品の設計標準化と技能育成のために、山田道場、田中道場に予算をもたせる」と書いている。これは技能者の高齢化と、付加価値品製作のためにベテラン技能者が汎用品製作に時間を取られて、その結果、若手が育ってないという課題に対して行った改善策の計画である。

ある幹部が「ベテラン技能者(山田さん、田中さん)は口下手で教え方がうまくないから、作業状況をビデオに撮って、それを後から見ながらアフレコで説明したら、研修に使えるのでは」と戦略検討中に提案があった。大手メーカーでも取り組んでいる「見える技能伝承方法」である。

すると、「じゃあ、いつビデオを撮る、誰が撮る、いつから研修で使える」と矢継ぎ早に経営者は決定事項を出そうとした。しかし、ビデオを撮ると言っても、どの箇所を撮るべきか、教えたい箇所はどこか、またそれにあった備品の用意はいつかなど、事前の編集方針を決めなくては、いきなりはできない。

そこで、図にあるような撮影方針を決定し、次にアフレコ日程、技能伝承を受ける若手に自身のスキルが上がったかどうかをチェックするための「スキルマップ表」の作成期限が入り、それに沿った技能評価の一応の期限も入れた。ここまで決めれば進行はしやすいし、何が、どう遅れたのかもチェックしやすい。

このように、「四分の一半期実行計画落し込み表」は、計画段階である程度詳細に決めて、そのつどチェックしていき、半期が過ぎる頃に

「重点具体策」は「方針」のような抽象論ではなく、「何を、どのように」が見えなければならない。具体的な行動のイメージが描けない表現は、もっと詳細の落とし込む

『重点具体策』を実行しようとすれば、最初の行動は何か、「誰が、何を、どのように、いつまでに」と行動の段取りを決める。先ず、「準備面の行動」では、根回しなどするか、「実際の行動面」では、具体的な動き、「検証やチェックの行動」ではどうするかを記す

担当は、固有名詞を書く。○○部という表現ではなく、A部長と書く

	重点具体策	重点具体策を実行するために必要な準備、段取り、詳細内容〈具体的に行動内容が見えるような表現。誰がいつまでにどのようにと言えるような具体的な行動項目〉	誰が行うまたは担当部門	いつまでに形にする
1	今のバラバラな各自の顧客向け提案書の資料を統合収集整理して、データ入力する	提案書のカテゴリー別分類指針を出し、目次別にファイル集計する	営業課長	H19年7月
		提案書作成のための営業研修会の実施	専務	H19年12月
		毎月の提案書のイントラネット公開と見た営業マンは毎回コメント提出開始	営業課長	H20年1月～
2	汎用品の設計標準化と技能育成のために、『山田道場』『田中道場』に予算を持たせる	溶接現場、工作現場のビデオ撮影とアフレコでコメント録音で「見えるマニュアル」の作成	管理課長と山田班長、田中班長	H19年7月
		山田班長の溶接技術と田中班長の工作技術の後継者候補別に教育計画の作成（管理課長が班長からヒアリングしながら作成）	管理課長と山田班長、田中班長	H19年9月
		教育結果をフィードバックする公開検定の実施（3か月1回は実作業中に社長、工場長も参加して、技能習得状況の公開）	工場長と山田、田中、管理課長	H20年1月～
3	付加価値品とのバランスで徐々に下位業者の10社から減らしていく	絞込み可能な得意先の仮設定と実情調査後に、得意先ごとの方針の報告	営業部長	H20年5月
		技術紹介先、外注との直接紹介、その場合の契約条件の整備	常務と営業部長、課長	H20年6月
		約10社の取引額の大幅減少の実現	〃	H20年10月～
4	設計部門（O氏）と生産部門（A氏）に専任で○○に取り組めるような組織配置を行う	OとAが専任化するための、設計部門の職務範囲の再整理とルール変更案の決定	工場長と設計主任	H19年6月
		試行期間の開始とその間に不具合の修正作業	工場長と設計主任	H19年7月～9月
		曜日別、時間帯別で可能な範囲で専任業務が回りだす	工場長と設計主任	H19年10月～12月
		完全配置の実施	工場長と設計主任	H20年1月～
5	○○会社と■■会社に企業の相互訪問を幹部以上で実施し、共同購入可能な勉強会と価格表を出す	まずはA社へ幹部(5名)による相互企業訪問の実施	社長と専務	H19年6月
		A社の幹部相互会議で、購入品の価格を公開する	社長と専務	H19年8月
		共同購入の品別のリスト作成と既存購入品変更に伴うルールの検証と決定	社長と専務	H19年9月
		A社との共同購入が進んだ段階でB社へA社の常務と一緒に交渉開始	社長と専務	H19年12月
6	現在の仕入れコストを再計算し外注材にした場合の外注先のコストメリットを計算し、提示する（○と■の外注には支給材を条件とした契約を再締結する）	支給材にした場合のメリットを外注先別に試算し提出	社長と工場長	H19年6月
		支給材の場合の社内体制と新ルールの構築	社長と工場長	H19年8月
		5社への交渉開始と再契約	社長と工場長	H19年10月～
7	複雑案件の設計時間を3か月分の所要時間を分析し、どこまでロスが出ているかチェックする（特定設計者への負荷量を決めて、移行する）	設計工数を算出し分析	設計主任	H19年4月～7月まで
8	間接経費で削減可能なプランとデメリットの整理表を出して分析する	経費削減可能項目を出し、現状の使われ方と削減可能な提案一覧を提出する	総務課長	H19年6月
		承認された削減項目に応じてプロジェクトを組み、定期チェックする	総務課長と該当者	H19年8月～
9	「仕事調べ」を部門別に実施する。コア業務とノンコア業務を整理し、経験年数別、役職別の職務基準書を作成する	仕事調べ表を説明後に配布	総務課長	4月末
		各部の管理者とコア度整理に幹部研修会に実施	専務	6月
		部門別に職務基準表の仕上がり	総務課長	7月末
10	現在の人事考課表を見直し、職務基準を入れた新たな制度を構築する	素案作成	総務課長	8月末
		冬期賞与時に人事課の説明会	総務課長	10月末
		冬期賞与から新人事考課表の使用	常務	11月末
11	営業部のレイアウト見直しと生産と設計の営業支援のルールを構築する（時間配分と支援体制）	レイアウト案、支援案の検討作成	専務	5月
		経営会議で検討	社長	6月
		レイアウト変更、支援案の実行開始	専務	9月
12	特別教育プログラムに基づいて、選抜管理職の重点教育を実施	選抜管理者のピックアップ	社長	5月
		特別教育プログラム作成検討	社長	6月
		下半期から開始	社長	10月末

図 II-11　四分の一半期毎実行計画落し込み表（例）

> 3か月単位で行動予定を入れる。これは「段取り」を更に詳しくする。特に、○月の□会議で報告や提出と書いていればその後チェックがしやすくなる。

> ここでは、実際にチェックした会議の結果を記入する。済んだのか、未実施なのか、未実施であれば、新たな追加予定が、「次の4四半期の予定」欄に日程とともに記入する。

	第1四半期中にどこまで進める（チェックできる具体的な予定、大よその月度も入れる）H19年4月～H19年6月	第2四半期中にどこまで進める（チェックできる具体的な予定、大よその月度も入れる）H19年7月～H19年9月	第3四半期中にどこまで進める（チェックできる具体的な予定、大よその月度も入れる）H19年10月～H19年12月	第4四半期中にどこまで進める（チェックできる具体的な予定、大よその月度も入れる）H20年1月～H20年3月
予定	4月会議で指示 6月営業会議で中間報告	8月頭の営業会議でファイル集計を見せる。9月営業会議までに営業研修日程決定	11月営業研修実施 12月からイントラネットでの提案書公開の試運転	1月から提案書チェック開始
結果				
予定	5月までにビデオ内容の決定と撮影開始	7月初頭までにアフレコ 8月にスキルマップ表を山田、田中に説明後に書かせる	9月教育計画を経営会議で発表 10月から教育開始	2月早々に第1回技術公開チェックを実施
結果				
予定	6月までに10社程度の絞込み先の絞込み後のリスクを整理し経営会議で報告	7月に委託外注先の了解状況と新契約の骨子を経営会議で報告し方針決定	10月から具体的に絞り込みが実現 12月には売上減少	
結果				
予定	4月5月の生産会議で新ルールを検討 6月経営会議で報告	8月9月の生産会議で不具合検討を行い、結果を経営会議でも報告	10月～曜日別が動き出す。経営会議で報告。	1月～完全配転
結果				
予定	4月社長会でA社専務と相互確認	先に購入品リストと価格表を7月にはA社に出す 8月にA社の価格表で検討	5品目を目標に10月から共同購入が動き出す	
結果				
予定	支給材別のコスト計算結果で当社と外注先のメリット・デメリットの整理表を6月経営会議で報告	支給材の場合に配給ルール、単価設定等の社内ルールの決定 8月経営会議で決定	まずは幹事のA社からOKをもらい、再契約。その後12月までに残り4社の再契約	
結果				
予定	専用タイムスケジュール作業日誌に入力し3か月後の集計結果を8月経営会議に報告			
結果				
予定	6月経営会議で一覧表提出	7月8月から承認のプロジェクトを推進		
結果				
予定				
結果				
予定				
結果				
予定				
結果				
予定				
結果				

II　中小企業の効果的なSWOT分析の進め方

は見直し修正を行い、現状との乖離を埋める作業を行うのである。

　後述するが、こういう実行スケジュールの作成支援を会計事務所職員が行ってくれれば、顧問先経営者は本当に喜ぶし、そのチェックのための会議参加も必然になってくるものだ。

7　SWOT分析から具体策と収支対策を連動させる

1）SWOT分析後の対策はなるべく計数に反映させる

　前述の『四分の一半期実行計画落し込み表』の作業とほぼ平行して行う作業がある。それが、SWOT分析から生まれた各種戦略や対策を「収支対策に反映」させる作業である。

　何らかの実行具体策は、直接間接に業績に反映されているはずである。よく「4S(整理・整頓・清潔・清掃)の徹底」という方針を出している企業がある。事務所の机の整理くらいでは業績に直結させにくいが、倉庫の整理や棚卸回数の増では、不動品の発見や、ムダな仕入の抑制もありうる。どれくらいの金額効果があるか計画段階では算出できないだろうが、在庫抑制策の一環にはなる。

　また、中期計画や単年度計画で売上計画を立てるとき、「伸びる売上」、「減る売上」が顧客別、商品別に出てくる。足りない売上を何でカバーするかがSWOTのクロス分析で何らかの具体策が出ているはずである。出ているならその分の金額は上乗せできる。

　しかし、クロス分析では単年度中の売上増対策がなければ、今期中の原価・経費対策なのか、それとも中期の抜本対策に収支がどのように変わるのかを反映させなければならない。

　収支計画を立てているときに、ある項目における戦略や具体策の欠如が発見されることもある。その際は、クロス分析を追加し、重点具体策にも後から追加し、詳細な実行計画を組めばよい。要は、収支計画の内容や備考には、クロス分析での戦略や具体策が何らかの形で反映されているかで、その実現性や計画性の信用度が違ってくる。

(単位：千円)

		前期速報	今期計画	昨対	科目	項目　内容
売上	本社鋼材部				売上・粗利	新商材の売上貢献
	本社非鋼材					新規開拓先の売上貢献
	本社メンテ					売価アップ交渉成果
	東京鋼材					メンテナンス売上の成果
	その他					営業増員、支援要因増員効果
	合計					既存客の売上ダウン
原価	原材料					Cランクの絞込み
	外注費					D社の倒産とF社のダウン
	労務費				原材料	購入業者見直し策
	現場経費					自社製作と購入品見直し
	その他					原材料価格の高騰
	合計					外製品への切り替え策
	粗利益					倉庫在庫見直しと整理
	粗利益率				外注費	外注単価見直し策
経費	人件費					新規外注先へのシフト策
	旅費交通費					内作率向上策
	事務消耗品					外注検査体制の整備策
	車両費				現場経費	電力費削減策（高騰）
	拠点費					水道代削減策
	広告宣伝費					燃料費抑制策
	交際費					物流費の見直し策
	什器備品費				労務費	正社員のパートシフト
	その他					技術者の継続雇用策
販売管理費合計						残業代削減策
営業利益						ラインの合理化策
営業外収支						間接部門の残業効率化策
経常利益					人件費	1人当業務量の見直し
						役員報酬・一部手当見直し
						社内業務のアウトソーシング化策
						男性業務の女性社員の登用策

図 II-12　今期の具体策と連動させた収支表（事例）

平成 19 年

効果額	昨対改善のための実行策
	昨年から貢献。今期はまだ伸びる
	昨年開拓した○等 4 件が通年で貢献
	原価コスト比較表を出し、説得活動を行う
	口頭約束を正式な契約にして挙績
	今期中に 3 名の要員を工場から配転
	外注 A 社へ全面委託で売上があっても利益僅か
	アジア製品へのシフト
	自社製作部門を切り離し、外部購入比率を上げる
	売価アップとコストダウンで対応
	モジュール調達先の比率アップ
	倉庫 50％削減で在庫と賃料削減（業者と新契約）
	分散外注先の集約でコスト削減
	協力会の解散と自由競争見積の実施
	○部品の内作率 70％実現と、他社の部品受注
	品質保証から派遣要員 1 名で外注先指導体制
	自家発電廃止
	カイゼン活動で抑制
	カイゼン活動で抑制
	自社便の併用度向上と集約化で新契約
	正社員：非正規＝2:2 の実現
	技術者は 67 歳まで漸減給与で継続雇用
	カイゼン活動で抑制
	集約工場の調査と実現
	IT による効率化
	専任と多能の業務整理、派遣、アウトソーシング活用で 30％削減
	営業アウトソーシング比率向上。ネット営業の充実
	プロジェクトで実現
	有能パート社員の正社員化と男性間接社員の現場配置

2) 対策ごとにある程度の予算を設ける

　図II-12は、あるメーカーの具体策と収支の反映一覧である。2年前の原料高騰時の収支予定のフォームである。

　右側には対策と実効金額、左側には損益の勘定科目の数値を可能な限り収支に反映させる表である。このシートは目新しいものでも何でもないが、1枚で収支と対策が分かるように書かれたシートである。

　右側の具体策を見れば、マイナスになる売上と原価、経費もあれば、プラスになる売上、原価、経費もある。さらに、今期の業績には関係ないが、中期を実現するために先行投資や経費を上げねばならないこともある。

　右側の「項目内容」の欄には、クロス分析で出た各種戦略や具体策が入り、その横の効果額には、今期中の業績反映金額が入る。また、いちばん右側には、その各種戦略や具体策のポイントを書き、「何をすることでそういう効果額を出したのか」を分かるようにする。

　現実のシートでは、その改革や改善を伴う内容の効果額が「ゼロ円」というケースも多い。それは、今年から行動しだしても今年中に効果が出るとは限らないことが多いからである。しかし、それでもあえて書くのは、「是が非でも実行する」という意思表示でもある。

8 チェック&コントロールで実行度アップ

1) ケジメある会議でPDCA

　SWOT分析からクロス分析を通じて、各種の実行具体策を整理し、それを行動計画に落とし込み、実行計画落とし込み表を作成するところまで説明してきた。後は実行あるのみだが、中小企業の悲しい現実は、「誰かがチェックしないと、決めっ放しのやりっ放し」になることである。
　どの経営者も幹部もチェックの重要性は十分に分かっている。それなのにできないことが多い。それも会議はしっかりやっているのに、こういう計画的なことはあまりチェックされないのである。
　では「会議で何をしているのか」というと、目の前の状況やふって沸いた問題にばかりに眼が行き、こういう計画的なことは後回しにされがちである。厳しい言い方をすると、「そういう体質だから、現状から脱皮できない」と言われるのである。
　そこで、しっかりした会議を行い、SWOT分析から生まれた各種の具体策を定期的にチェックして、その後をコントロールする必要がある。
　ここで言う「しっかりした会議」とはどういうことを指すのだろうか。
　まずは、司会がその会議の最高責任者ではないことが重要である。社長が司会者なら、誰も発言しなくなるし、社長の独演会になって、議論も意見も交わされない一方通行会議になってしまう。そこで、司会者は、社長以外の役員か、第三者に依頼するのがベターである。
　次に、前回の会議で決まった5W2H（誰が、いつ、どこで、何を、なぜ、どのように、いくらで）が書かれたモノを見ながら、公然とチェッ

クすることである。上層部であろうが、誰であろうが、一度決まったことを理由なくしなかったことを安易に認めては、だらけた組織になってしまう。

お奨めしたいのは、先ほどの「四分の一半期実行計画落し込み表」に直接記入して、周知させることである。詳細は後述しよう。

これ以外にも、会議の進め方についてはいろいろあるが、「決まったことを決まったように実行しているかをチェックすること」が会議の重要な目的である。

2）第三者が司会をする会議

前項で第三者が実行計画チェックのための会議の司会をしたほうがよいと指摘した。ここで言う第三者として、多くの中小企業の身近な存在である会計事務所の職員が挙げられる。

第三者が司会を行う会議のメリットとしては、以下のことが考えられる。

- 第三者が入ることで、定刻開催がしやすくなる。社内だけだと、始まりも終わりもダラダラになりがちである。
- 会議が、社長の独演会や一方通行会議になっても、第三者の司会なら割って入りやすく、議事のコントロールができる。
- 決定事項かどうか分からないような議論、主題と関係ない議論のときも軌道修正しやすい。
- 司会者が独立した権限をもっているので、社長などの特定した人の意見に左右されず、他の意見を吸い上げることもできる

会計事務所の職員にとっても、会議への参加を通じて、より一層その顧問先の実状が分かり、実行具体策の実施を通じて、少しでも業績

にプラスになれば、経営者や幹部とともに喜び合え、問題があればともに悩み考えることで、深い絆になっていくものである。

3） 四半期実行計画落し込み表のチェックの仕方

　「四半期実行計画落し込み表」は3か月単位で行動結果をチェックするようなフォームになっているが、毎月チェックして、そのチェック結果を随時記入するようになっている。
　図 II-11 の『重点具体策』のいちばん上の「今のバラバラな各自の顧客向け提案書の資料を統合収集整理して、データ入力する」の事例を参考に会議チェックの進め方を見てみよう。
　ここでは、会計事務所の職員が司会をしているという前提での進め方である。

〈職員からの確認の進め方〉
　「まず、1番目の実行具体策の【顧客向け提案書の件】ですが、段取りとして、7月までに【目次別のファイル集計】となっています。営業課長、4月の会議で指示はされて、6月の営業会議で中間報告はされたのですか？」

〈実施済みという報告があった場合〉
　「進める過程で、支障はありましたか？　トップや役員に何か了解をもらう必要性がある提案等はありましたか？」

　「お疲れさまでした。何か今後のスケジュールに追加補正しておかなければならないことはありましたか？」

〈「できていない」という未実施の報告があった場合〉
　「営業課長、どの段階で止まったのでしょうか？　何が原因だったのでしょうか？」

「(営業課長が原因を言ったら)、その件は、営業部長や役員も了承済みですか？　了承済みなら、第2四半期に、どういうスケジュールで実行しましょうか？」

　等と、「四分の一半期実行計画落し込み表」で書かれた内容が少しでも前に進むように議事することで、「この計画書は必ずチェックされる」と認識させ、各自の実行力を高めるのである。

Ⅲ SWOT 分析による
具体策立案の実例

1　SWOT分析の結果、生まれた事業計画（印刷業の場合）

1）SWOT分析の特徴

　本事例で紹介する印刷会社は、地方にある中小規模の普通の印刷会社である。ここ数年は売上も横ばい状態のなかで、昨今の不景気が重なり、利益の出ない状況になっていた。SWOT分析の検討では、トップである社長は直接タッチせず、営業関係の役員と生産・管理関係の役員と筆者で検討して作成した。
　SWOT分析と体系図作成に要した議論の時間は、延べ7時間程度である。紙面の関係上、一部抜粋と該当企業の要望で一部修正しているのでご容赦願いたい。

SWOT分析から導き出された課題
　まず、図III-1のSWOTの4つの窓では、業界全般に関連している市場としての「脅威」を挙げてもらった。
　次に、印刷業界が進む今後の方向性についていろいろ議論し、「機会」を挙げてもらった。
　「機会」では、この不況を逆手に取ると、どんなことが見えてくるかを重点的に検証し、図にもあるように「大量のマス広告は減少し、小ロットのオンデマンド（必要なときに必要部数印刷できるシステム）が伸びる」とあり、そこが今後の生き残り課題であることを明確にした。
　また、不況期は大企業も採用抑制に動くので、優秀な若手人材を得るチャンスとなり、この印刷業でも優秀な営業員は不足していることから、大きなチャンスと捉えた。

次に、「弱み」では、人材のレベルやマネジメントの課題が多く、特に営業も生産もプレイングマネージャーによる弊害が大きいというのが共通の認識だった。
　最後に「強み」では、今まで積み上げてきた歴史から、内部留保の強みや取引相手の幅の広さが中心となり、増設したばかりの工場で生産性の拡大が望めることも分かった。
　次に「クロス分析」では、「積極戦略」である「機会」と「強み」が交差する具体策を検討した。資金力もある程度あることから、「ニーズがあるオンデマンドの設備投資や営業展開」が筆頭に挙がった。
　「致命傷回避・撤退縮小戦略」である「脅威」と「弱み」の具体策では、ある顧客の囲い込みのために出店した営業所の縮小が決まった。これは当初の顧客のメリットが出せていないことと、小口顧客はあったが、今後の戦略を考えると、比重をかけられないとの判断だった。
　また、このゾーンでは、生産部門の幹部のマネジメントが大きな問題であり、放置すれば品質問題、労務問題になりかねないとして、まずはマニュアル化と教育を優先課題にした。
　そして、「改善戦略」である「機会」と「弱み」の具体策を検討した。ここでは、商品特性が大きく変わっている時代に、対応する人材も多様化しなければならないとして営業レディーの採用を基本方針にした。全営業を言うのではなく、オンデマンド関係を重点的に女性で行おうという発想である。
　最後に「差別化戦略」である「脅威」と「強み」については、あまり積極的な意見はなく、印刷という特性から考えて、正直あまり浮かばなかったというのが本音である。

S 自社の強み	信用(財務・イメージ・対外)	○○の印刷業界では○番目の位置づけで問屋や外注先からの信頼と期待が高い
		過去の利益積み増しと対金融機関との信頼関係でITやソフトへ必要設備資金が捻出できる
	商品(製品・サービス)	提案と企画広告が出きる代理店をグループに持ち、社内で対応できる会社は○○地区では数社しかない
		工場増設により効率化とミス低減、多能工化、技術アップが図れる
		償却の終わった設備が多いので、コスト力がある(反面、機能が古い)
	顧客(営業基盤・既存)	エリア限定ではなく、西日本全体の営業が可能(拠点も都心部にある)
		直取引の大手○○業界から、有力広告代理店まで幅広い顧客層をもつ
	人材(組織・管理)	1人当り売上が高く、少数精鋭の経営ができている
		社員の平均年齢が若い。エネルギーある若手が多い
W 自社の弱み	商品(製品・サービス)	企画やコストパフォーマンスを説明できるが、効果の分析やデータマイニングができてない(分析後の提案ができてない)
	顧客(営業基盤・既存)	直クライアントのソリューション営業ができるスキルが不足……マーケティングが分かる人材育成ができてない
		営業が商談から作業まで行い実質営業時間が少ない(見積、提案書、手配まで営業が行うため)
		まだ、何でも屋の域から脱皮できず、付加価値の小さい業務を完全に外注化できない
	人材(組織・管理)	営業、製造とのコミュニケーションが不足(設備知識不足、作業工程理解度不足等)……ITでの『情報の見える化』不足
		幹部がプレイングマネージャーで、直接業務比率が高い(人材育成の時間が取れてない)
		管理者、拠点長及び責任者のマネジメントができていない

図 III-1　印刷会社の SWOT 分析シート

	会社名	
	参加者名	

O 外部環境で自社にとっての機会（チャンス・プラス要因）		T 外部環境で自社にとっての脅威（マイナス要因）	
1	小ロット多品種の印刷物は今後も成長する（マスマーケティングからダイレクトマーケティングへ）	1	企業の広告費のカット（4媒体）が進み、デフレに逆戻りの可能性
2	ネット上の通販は成長する（小ロットはネット上の印刷物の受発注が主流になる）	2	不況により要注意債権先が増え、貸倒リスクが増す
3	不況による需要減で外注費、仕入コストは購買力さえあれば、ますます下げられる	3	大ロット（チラシ）の仕事が減少しオフ輪等の大型機械を持っている印刷会社が厳しい
4	新卒の採用手控えで、優秀な人材確保ができやすくなる	4	顧客の納期と決定までの時間がますます短縮化され、現場が計画的に業務できない
5	マス広告は縮小し付加価値の高い販促に広告はシフトしていく	5	一般印刷の価格下落が激しく、ほとんど利益が取れない状況がさらに続く

自社の強みを活かして、さらに伸ばしていく分野。または積極的に投資や人材配置して他社との競合で優位に立つ業務		自社の強みを活かして、脅威をチャンスに変えるには何をどうすべきか	
1		1	
2	全部門で情報の『見える化』ボードの設置とミーティング打ち合わせの実施……責任者のマネジメントスキルアップ研修の実施	2	売上基準を決めて、○○企業の取引件数を目標化
3	業種・業態を絞り込みエリアマーケティング手法にて集中展開	3	
4	オンデマンド印刷の積極的な営業（必要設備は投資する。専門要員の配置）	4	
5		5	

自社の弱みを克服して、事業機会やチャンスの波に乗るには何をどうすべきか		自社の弱みが致命傷にならないようにするにはどうすべきか。またはこれ以上傷口を広げないために撤退縮小する分野は何か	
1	広告分析や提案ができる営業スキルをもった部門の設立。本社内マーケティング室の設置（専門の人材を採用予定）	1	不採算営業所を縮小し、出張形式でフォロー
2	オンデマンド印刷を専門にするセールスレディース部隊を拡大（新規開拓手法のパッケージ化でシステム営業を行う）	2	債権管理のチェック強化で債権リスクを回避……売上より債権安定性を優先する
3	モバイルや今後のマーケティングに関する知識アップのための営業勉強会の多頻度開催。必要IT、ソフトの投資の積極化	3	工場幹部のマネジメントのパターン化とチェックシステムの完全運用
4		4	

2）体系図のポイント

　図III-2の体系図にある「今後2か年の経営環境予測」は、SWOTの「機会」、「脅威」を基本に捻出し、補足した形にした。本来なら、「考えられるシナリオ」の右にくるのは「クロス分析」だが、ここでは再確認の必要はないということで、中期ビジョンの検討を行った。
　中期ビジョンでは、「絶対死守の基本指針」、「事業規模」、「顧客基盤」、「営業体制」、「生産体制」、「組織体制」、「戦略投資」に分けて議論した。
　まず、「絶対死守の基本指針」では、この会社が勝ち残るためには、SWOTを通じて得た課題と他にはどんなものがあるかを議論した。記載されているように、「オンデマンドの商材化」と「主要顧客の比重が高すぎること」が課題なので、「主要顧客以外の開拓」などがポイントとして挙がった。
　また、昨今の景気を反映して貸倒がいちばん怖いということで、営業は積極開拓しても、債権はしっかり守るという営業にしてはハードルの高い目標になった。すなわち、それは中小顧客よりも中堅大手を狙わねばならないからだ。
　次に「事業規模」では、現状を踏まえて「売上横ばい」の中期目標を挙げた。売上横ばいでも利益が出る対策に重点を置いた形である。
　その他の「顧客基盤」他のカテゴリーも、SWOT分析のクロス分析から出た戦略や具体策をベースにビジョンを決定した。

　このビジョンの後に、今期の方針や重点具体策、実行スケジュールがその会社では作成され、定期チェックされている。

	今後 2 年間の経営・環境予測
	（考えられるシナリオ）

（SWOT 分析の「脅威」「機会」のカテゴリーを再整理したもの）

今後の経営環境と課題	一般印刷全般市場の動き	・製造コストは下げていく努力をするが、価格の下落に追いつかない状況 ・大ロット（チラシ）の仕事が減少し、大型機械を持っている印刷会社は厳しい ・企業の広告費のカット（4 媒体）が進む ・小ロットのオンデマンドは伸びる（ただし、いずれ体力のある顧客は自社で設備していくことが予想される）
	商品・商材動向	・小ロット多品種化がますます進む ・付加価値（効果のある広告）の媒体はニーズが高まる（マス広告の縮小） ・個人向け印刷（オンデマンド）需要は手堅い ・一般印刷は減少するが、Webによる印刷は伸びる
	顧客状況	・小ロットの手作業部分のアウトソーシングが増える（人件費削減のため） ・要注意の債権先が増える（倒産が増える）
	価格競争	・価格下落（大ロット）が続く…デフレ逆戻り
	人材市場	・特定技能・専門知識をもった人材のニーズは高いが、汎用的な人材ニーズは減る ・新卒営業は採用しやすく、定期配置が求められる（若手市場に合わせるため）…営業不適格な新卒は他の部署へ配置 ・最初から現場のための新卒は必要
	外注状況	・都市では外注単価は下がっていく…外注先確保は安易（淘汰される前） ・特色のある外注先はコストが下がらない
	仕入状況	・仕入コスト（特に副資材等）は需要減に伴い価格交渉しやすくなる

図 III-2-① 2 か年環境予測と中期経営方針・計画体系図（続く）

会社名（㈱○○○○）

㈱○○○○勝ち残りの条件（2か年）
（基本政策・差別化戦略・事業の再構築）

絶対死守の基本指針	オンデマンドの商材開発を行う
	新規開拓プロジェクトの本格稼動による優良顧客口座の倍増‥都市部は大口顧客、地元は小口開拓に重点を置く
	主力得意先の受注の死守とそれに替わる新主力得意先の確保
	生産の多能工化のさらなる推進
	貸倒防止の与信管理・取引ルールの徹底
	経費・コスト削減の徹底（主チェック：クレーム費、手直し費、外注費、労務費、旅費交通費、）
	全部門ミス・ロスの絶対撲滅
	営業の最低粗利高の確保
事業規模	設備投資抑制に伴い2か年売上維持方針（新規開拓はするが、減少分の補填程度）
	H21年経常黒字化。H21年に○万円の確保
	人員数は増減含めて横ばい（新卒採用はしても、退職者の補填程度）
顧客基盤	売上○○万円/月の顧客を大幅拡大‥‥定期顧客○社確保
	売上に占める主力○社比率を○%以内にする
	オンデマンド印刷受注は売上○万円/月
営業体制	新卒営業を○名/年採用し、営業として不適格な新卒を現場、制作等へ配置する
	新卒のレディース営業員の養成と教育担当幹部のフォローを徹底
	停滞化した営業の異動を戦略に応じて活発化（転勤前提の採用）
生産体制	全生産従業員は多能工（本職プラス1業務以上を行う）
	他部門も繁閑に応じて支援体制を確立（情報共有と多能工化）
	工場稼働率を上げるために外注作業の見直しとコストメリット検証
	ISO9001：2008の再徹底
組織体制	生産管理部を工場棟に異動
	オンデマンド・パイロットショップの設置
戦略投資（ソフト・設備）	オンデマンド機器の設備投資
	新ソフトの購入は当面凍結し、現状のものを工夫して活用
	本社および老朽化した施設は当面、修復のみ。新設の投資は2年後以降

図 III-2-② 　2か年環境予測と中期経営方針・計画体系図

2　介護施設の SWOT 分析が経営計画に反映された事例

　この介護施設では、毎年経営計画書を作成しているが、介護報酬の改訂や昨今の介護関係の経営環境を考え、改めて中期ビジョン作成のための SWOT 分析を行った。参加者は理事長、施設長、その他部門長クラスで行い、この 1 枚の作成には事前宿題の説明も含めて、延べ 6 時間の議論で作成した。

　この図 III-3 にある介護施設は特別養護老人ホームであり、経営は社会福祉法人である。

　介護施設は一般企業と異なって制約条件があるので、何でも事業拡大策ばかりではいけない。また、近隣の施設同士の差別化による「選ばれる介護施設」であると同時に職員スタッフの確保と安定化も大きな鍵である。この施設では幸い、地域でも定着率が高いことと、余裕のある財務内容により積極的な昇給政策をとっていることから、職員のモチベーションも高く、利用者や外部機関からも評価が高い。

　その一つのポイントが、理事長が「企業的経営ノウハウ」を施設経営に導入することを以前から標榜し、実際に会議では「利用者様」ではなく「お客様」と呼称するほどである。

SWOT 分析から導き出された課題

　では、実際の SWOT 分析はどういうものであったか。
　まずは「4 つの窓」を事前に宿題にし、その発表から始まった。
　「脅威」と「機会」については、多少の地域差があっても、多くの特養が似たようなものになると思われる。この施設でもこの施設特有の「脅威」や「機会」は出なかった。

内部要因	強み（Strength）	入所、通所サービス、訪問介護、居宅事業などの介護サービス全般を行っている
		対外的に介護、障害もやっているのはイメージがよい
		通所サービスは『選べるサービス』でさまざまなメニューに対応（パワーリハ、レク、園芸、制作等）
		自社厨房施設をもっている
		ヘルパー養成研修の取り組みなど、スタッフで講習ができる
		他の○○の特養に比べて個室があるので、予算のある個室利用者ニーズに対応している。個室としては低価格になっている
		この地域では正職員に占める介護福祉士比率が50％と高い
		新しくきれいな施設である（築年数が新しい）
		ケアマネから評価が高い（職員が優しい、困難事例を受け入れる）
		新規事業や施設展開の資金は十分余裕がある
		職員の定着率が高い（退職者でも他の特養に転職する職員はいない）
		看護師（正看）がいる
	弱み（Weakness）	医療とつながりが弱い（看護体制やDrの対応スピードが遅くなる）
		敷地の余裕はない
		職員の平均年齢が高い（40歳以上が30％）
		Drが高齢であるため糖尿病（インスリン摂取）の待機者を受け入れることができない
		利用者が高齢でその家族（子）も高齢であるため理解力が乏しくなっている
		特養とデイの介護士の業務支援体制ができていない
		遠方の家族が多いため緊急時に間に合わない

図 III-3 介護施設の SWOT 分析シート

外　部　要　因	
機会・チャンス（Opportunity）	脅威（Threat）
報酬面では予防介護の単価と介護報酬増加の可能性あり（介護福祉士の給与増のため）	介護ヘルパーの不足が顕著になり、箱物での介護事業は限界
介護保険以外での老人に展開が可能（低所得者向け高齢者住宅、グループリビング、在宅・・・独居対策）	高齢者はますます増えて、若手の介護従事者が減少する
介護支援機器、ロボット、高機能ベッド等の普及が進む	特養の平均介護度が上がり、重篤化すれば、介護士の負担が増え、モチベーション維持がむずかしくなる
将来的に社会福祉法人のM&A、合併の指針が政府から出されて、規模拡大は円滑になる	有料老人ホームの参入業者が増え、介護士の争奪戦になる（特養と利用者争奪にはなりにくいが、少ない介護士がさらに厳しくなる）
在宅介護が増えるので、訪問介護、訪問看護ニーズが高まる・・・Dr確保ができれば、クリニック開業の可能性あり	ショート稼働率が低くなっている
積極的攻勢［積極的戦略］…今期から積極活用	強みを活かして同業者との差別化戦略…解消
	高齢者住宅ができれば自立から要介護状態、死亡までのルートができ、高齢者世帯独居老人世帯が増加する中遠方にいる家族に安心を提供でき、地域での圧倒的な差別化になる
配偶者が入所したため独居となった方への面会時食事の準備（栄養バランスを補う）	ヘルパー養成研修の定期開催で、そのなかからヘルパーとして採用する（他施設に入る前のヘルパー要員の確保）
配偶者が入所したため独居となった方へはデイサービスの利用、デイの送迎を利用して入所している配偶者の面会をしてもらう	実習生へのフォローを徹底して、施設に好印象をもってもらい、新卒入職を促進する
さらにパート看護師（時間帯別）を増やして、経管栄養者（介護度5）のニーズに対応すれば、収入増につながる	看取り介護を積極的に行えるため増収が見込まれる
階段的に強みに変えていく…改善　中期トライ	撤退または現状維持施策…回避
	ヘルパーの報酬が変わらず、ヘルパーが確保できなければ縮小も視野に入れる
不動産次第で、保険外で低所得者向け高齢者住宅、グループリビングの調査、建設、運営・・・賃貸だけの収益ではなく、今ある社会資源の有効活用で全体収入を上げる	
少し痴呆が進んだ在宅老人に、保険外の「前頭前野の活性化塾」の予防サービス事業。パッケージ化されているので差別化ツールとして活用	

Ⅲ　SWOT分析による具体策立案の実例　117

内部要因である「弱み」も、特養全般に似たような結果になりがちである。例えば、医療法人が併設している老健施設と比べてドクターとの関係が脆弱なのは当たり前であるが、実際の入所稼働率を見ると、利用者の費用負担や入所期間のプラス面も影響して、特養は老健よりも待機待ちが多いのが実態である。また、介護スタッフの高齢化も共通課題である。まだ新卒の定期採用と若手の離職が少ないため、他の施設よりは平均年齢は低いが、確実に上がっている。

　「強み」では、他の施設に比べて具体的な積極経営ができる資金力と人材力があるということが一番であろう。先ほど述べたように職員のモチベーションが比較的高いので、企業的な要素を取り入れるために、いろいろ要求しても受け入れる精神的な風土がある。

　実は、多くの介護施設は、措置の時代から長らく準公務員のような処遇できたため、こういう改革には抵抗する人が多い。この施設では歴史が浅いことが逆にプラスになっているのであろう。

　クロス分析では、介護施設では新規事業展開以外には、そう戦略的な要素はないかもしれない。この施設での具体策もサービス力アップの対策が多く、ある意味、それで十分だということかもしれない。この施設ではこういう具体策が、各部門の実行計画書（四分の一半期実行計画落し込み表）に記入され、今では筆者が外部コンサルタントとしてチェックせずとも、自分たちで会議でチェックするという習慣が出来上がっている。

　ちなみに、この施設では、筆者がコンサルティングに入って6年を越えるが、指導の一環として、毎月「カイゼン会議」を行っている。全部門から毎月平均2つのカイゼンが生まれ、すでに400近いカイゼン（策）が施設内で生まれ、実行されている。

　こういう風土があるから、厳しい介護報酬のなかで収益を出しているのではないだろうか。

3 住宅会社のSWOT分析で差別化と行動方針が定まった事例

　図Ⅲ-4にある、この住宅会社は年商規模では数億円の経営規模である。この会社も毎年、経営計画書を作成しており、昨今の不動産不況のなかでも堅調に受注している。その背景には、SWOT分析をする前から、自社のレベルを客観的に把握しており、「身の丈に合った経営」を推進しているからである。

SWOT分析から導き出された課題

　この会社では、経営会議を使い、延べ9時間くらいの時間を使ってSWOTシートを作成した。参加者は、社長以下役員4名とコンサルタントで実施した。現在は、このSWOTのクロス分析から中期ビジョンと必要な戦略や具体策について検討中である。

　最初に行なったのが、通例どおり「脅威」と「機会」の外部要因分析からである。住宅業界の「脅威」と言えば、まず不況の影響で同業者倒産が相次いでいることである。特に分譲を行う不動産ストックをもっている中小の住宅会社は厳しい状況にある。さらに1件の新築情報に多くの住宅会社が群がり、値引き合戦の消耗戦をしているところも少なからずある。

　ただ、この会社での「脅威」の項目は意外に少ない。それは、分譲をしないのと、展示場や広告を出しての販売をしなくても、ほぼ100％紹介で決まっているので、そういう意味では過当競争の影響を受けにくい。

　「機会」では、瑕疵保証が義務化されたことで、安心感では大手と変わりなくなった点や、住宅の高機能化、省エネ化がさらに進む点を挙

S 自社の強み	お客様とのコミュニケーション、打ち合わせ時間を最優先で多く取る（施主満足度が高い）
	営業に権限があり、現場で即判断ができる
	全社員で施主に対応する風土がある（引渡し時の全員清掃等）
	施主の要望に応じてプランの変更対応、提案ができる（プランの満足度が高い）
	「○○」というネーミングと社長のブランドイメージがあるのに、価格はリーズナブルである
	OB施主との長く良好な付き合いができている
	人脈のつながりによる紹介比率が高い（営業経費、広告、展示場等が、あまりかからない）
	フルチョイスですべての要望に対応できる（技術的にできないことはない）
	支払いが早く、外注先との信頼関係がある
	公務員の施主の比重が比較的高い（30～40％）
	○○地区にすでに○件の施工実績があり、10分間で回れる距離に集中している（現場案内がしやすい）
W 自社の弱み	経営幹部の業務が忙しくて、社員との情報共有する時間が少ない
	商品の差別化をPRするツール不足で、施主へのインパクトが弱い
	お客様との打ち合わせ時間が長すぎて、他の業務時間が削られている
	大手住宅メーカーに比べてアフターをPRできるレベルになっていない（実質巡回しているのにアピール不足）
	時間がかかった仕事をしているのに利益が出ない
	現場管理レベルが大手住宅メーカーと比較して低い（業者への指導力が不足）
	攻めの営業が少ない（紹介に依存し過ぎの傾向）
	外に出て営業する人間が2名しかいない。社長が営業から外れた場合の営業力が激減する
	外注先が固定化しており、競合させていない
	1人で複数役ができる体制ではない（この規模では「あれもできるこれもできる」人材が必要だがその育成ができていない）
	業務の効率が図れていない（時間効率を上げる工夫と仕組みが定着しない）
	新たな社員が入社しても社風や仕事の仕方が理解できるのに時間がかかる

図III-4　中小規模の住宅会社のSWOT分析シート

		会社名	
		参加者名	

	O　外部環境で自社にとっての機会 （チャンス・プラス要因）		T　外部環境で自社にとっての脅威（マイナス要因）
1	公務員や安定した職業の客層に集中する。顧客として魅力ある層になる	1	不況を反映して企業のサラリーマンではローンが組めないことが増える（購入意識があってもローンが下りないケースが増える）
2	瑕疵保証が義務化され、住宅会社の規模による信頼感は中小と変わらなくなる	2	不況を反映して2～3年住宅購入を見合わせる（買い控え）。全体的な着工件数が減る
3	本物志向、健康志向、エコ志向の顧客のニーズが高まり、単価は高くなる可能性がある	3	市場が縮減して競合が増えるので、単価競争が激しくなり、利益がとれなくなる
4	脱都会、癒し志向でリゾート地に注文住宅を建てる層が増える	4	施主のインターネットによる情報過多で、勉強した顧客が増え、住宅会社の方が後手に回る（住宅部材のネットによる低単価情報を知っている）
5	高耐久、高耐震住宅、省エネ住宅のニーズはさらに高まり、標準仕様になっていく	5	介護保険がパンク状態で、施設建設は減る（今は景気対策で認可されるグループホームは増えている）
6	新築市場の低迷でリフォーム市場が拡大する	6	消費税導入前の特需で対応ができず、導入後は一気に2年くらいは大幅減少する
7	ホームページによる住宅会社の情報収集は今後も増える	7	

	自社の強みを活かして、さらに伸ばしていく分野。または積極的に投資や人材配置して他社との競合で優位に立つ業務		自社の強みを活かして、脅威をチャンスに変えるには何をどうすべきか
1	1人1人の公務員のOB施主へのPRと接点強化（紹介ルールづくり）	1	
2	既存施主からのリフォームの紹介システムの確立（設計事務所のリフォームのPRをホームページで事例紹介） ・アフターでアピールする時のリフォームパンフの作成 ・リフォームでネット検索できるようなページづくり	2	
3	○○地区の不動産屋と明確な業務提携をして、自社PRをしやすくする（不動産店舗でのパンフ据付、看板幟、等） ・○○地区で商売している施主にPR協力をもらう	3	
4		4	
5		5	

	自社の弱みを克服して、事業機会やチャンスの波に乗るには何をどうすべきか		自社の弱みが致命傷にならないようにするにはどうすべきか。またはこれ以上傷口を広げないために撤退縮小する分野は何か
1	OB施主と常に情報交換ができる仕組み・・・若い施主とは本格的なブログ・メールによる情報提供、年配の施主にはイベント	1	○○住宅会社オリジナルの「4人家族の理想的な家（理想的な生活アイデアと選べるプランでコストも理想）」のパターンのパンフ化で、提案の絞込みと施主から見た差別化を出す ・社内での認識が統一でき準備も効率も上がる ・原価計算、見積スピードもアップ ・パンフのイメージを明確にする
2	軽ワゴンを「アフターサービスカー」として見えるようにする。アフター後の「写真つき、メンテナンス見積書」を1か月後提出 ・住まいの管理帳に「アフター点検報告書」を毎回挟み込んでもらう	2	現場監督や施工する大工等によって異なる現場の品質を統一するため「検査マニュアル」「施工マニュアル」の作成・・・（まずは設計の製本に詳細を記入してそれを検査していく） ・基礎から竣工までの社内検査マニュアルの作成 ・検査マニュアルは業者へもPRする（業者責任も明確にする）
3	OB施主から新規紹介客へ当社を説明しやすい小冊子の作成と配布（引渡し時のガイドブックに5部はさむ）	3	
4	引渡し後のケアのパターン化（工務、営業が行うサービス）とスケジュール・・・例　絵画・時計の据付、照明関係掃除、窓掃除の作業などのサービスのソフトの形決め	4	
5	いろいろな顧客の困り事や相談に対応できるような下知識を吸収できるよう「既存顧客の知っている知識、趣味等」をデータベース化し、営業はそれを聞くことで、顧客の得意分野をくすぐる	5	

げている。住宅減税や制度面の追い風もあるが、この会社にとっては、そういう追い風にあまり関係ない施主の層を相手にしているので、挙がっていない。

「弱み」では、「強み」と表裏一体だが、「施主からの評価が高い、相手に尽くすサービスが、業務効率悪化の主因」になっていることである。また、これくらいの規模の住宅会社はどこも同じだが、経営者の営業力で受注が決まってくる。しかし、その経営者は60歳を越えて徐々に承継を考えているときに、次の世代ではどうなのかという大きな課題がある。

「強み」での特徴的なことは、「販促経費をかけなくても、ほぼ100％が紹介による受注」であることだ。これが可能なのは、「弱み」でもある「お客様にトコトン尽くす姿勢」があるからだ。

クロス分析から導き出された戦略

次にクロス分析を行った。

まず「積極戦略」では、収入が安定している公務員の顧客が多いのは受注安定上大きなメリットであるので、1人1人のOB施主への接点を増やすための企画を考えることが上位にきている。さらに、リフォームのピーアールを積極的に行うためにホームページの取り組み、特定地域の不動産会社とのより深い付き合いの模索などが挙がった。

2番目の「致命傷回避戦略」では、「1件1件に時間がかかり過ぎるのは基本提案パターンが確立していないからだ」という理由で、注文住宅ながら規格住宅ではない「提案の絞込みができるイメージプランの構築」が挙がった。

3番目の「改善戦略」のゾーンでは、もっとアフターサービスをアピールする方法や、ツールの弱さを補填するために、簡易ガイドブックの作成等が挙がった。

このSWOT分析のクロス分析から挙がった戦略ではすでに実行に移されているものも複数ある。長年、コンサルティングをしていて感じ

ることだが、社内の忙しい実状はそう簡単には変わらないものの、この風土を維持し、「自社都合よりお客様都合優先」の思想を貫けば、よほどの事故がない限り、極端な業績悪化はないのではないかと思う。

4　商品別SWOT分析の進め方

1）商品別SWOT分析は商品開発に直結する

　一般に経営全般に使うことが多いSWOT分析だが、特定商品の動向次第で業績に大きく影響する場合は、商品別SWOT分析を行うこともある。

　商品別SWOT分析も基本は同じで、外部要因である「脅威」、「機会」から見て、内部要因である「弱み」、「強み」の順番で整理する（図III-5参照）。

　ここで、4つの窓を分析する際には、どの商品やサービスをターゲットにした比較かを決める必要がある。比較検討がなければ、商品自体の分析は外部要因主体となり、クロス分析での具体策が偏ったものになりかねない。

商品SWOT分析から導き出された課題

　商品SWOTと言っても、業種業態でそのクロス分析は異なってくる。商品開発に有効と言えば、メーカーや開発機能をもった企業を想定しやすい。自主的な商品開発を行なって市場を自分たちで創造することができる企業なら、クロス分析も自社主導で進められる。

　しかし、これが代理店やフランチャイズ、特定業界の下請などの商品やサービスが固定化されている企業では、差別化の幅が狭くなり、販促などの戦術が中心になっていく。それでも、固定的な業界でも、新商材の開発や付加価値ビジネスを展開する意味では、商品SWOT分析は有効である。

	脅威	機会
外部要因	《1》同業者、競合者、大手はこの商材の分野にどういう動きで脅威を与えているか	《1》この商材の競合が増えると市場はどう活性化されるか
	《2》この商品の役割寿命、技術革新による代替品の成長、それに乗った代替商品の参入は何が脅威か	《2》業界苦境のなかでも成長している他社の商材は、何が市場ニーズにあっているのか
	《3》この商材の低価格品、低利益品がどう市場を変え脅威になっていくか	《3》顧客（消費者）は今後、この商材の魅力やサービスににどういうメリットを感じて購入してくれると思うか
	《4》この商品の取引先である既存顧客(消費者)のニーズはどうマイナスに作用するか	《4》不況や経済危機、デフレになると、この商材はどんなプラス面が生まれ作用するか
	《5》主力取引先においてこの商材は、どういうマイナス要因で衰退していくか	《5》政府の経済対策、規制緩和、規制強化でこの商材のマーケットにどうプラス面があるか
	《6》この商材のための仕入先、外注先には今後、どういう脅威がありうるか	《6》IT化、インターネットの普及で可能性あるビジネスチャンスは何か
	《7》この商材のコストアップ要素として何が考えられるか	《7》この商材に関して今後のどういう変化が、どんな新たな購買層、顧客層を生むと思われるか
	《8》この商材を提供するうえで労働環境、人材獲得はどういう点が脅威か	《8》今後の技術革新で、この商材のマーケットではどういうビジネスチャンスがあるか
	《9》この商材に関して政府の法制化、規制緩和や規制強化はどのような脅威があるか	《9》この商材は技術革新、グローバル化でどういうコストダウンの可能性があるか
	《10》この商材に関連するIT化、インターネット普及による脅威には何があるか	《10》この商材に関連する顧客や市場の勢力図はどう変化し、どういうゾーンがターゲットになりうるか
	《11》この商材に関してグローバル化による脅威には何があるか	《11》全世界的な環境問題への取り組みでは、この商材のマーケットにどういうプラスが考えられるか
	《12》この商材に関する産業構造、消費構造、経済情勢の脅威は何か	

	弱み	強み
内部要因	《1》ライバルのターゲット商材と比較して、自社が明らかに負けている点(ヒト、モノ、カネ、技術、情報、効率、社内環境等)	《1》ライバルターゲット商材と比較して、自社が勝っていると自信のある点(ヒト、モノ、カネ、技術、情報、効率、社内環境等)
	《2》この商材が顧客ニーズに対応していない現象と要因	《2》今までこの商材が継続発展してきた要素別の理由（ヒト、モノ、カネ、技術、情報、効率、社内環境等）
	《3》この商材の顧客開拓、商品企画力の弱み	《3》この商材が顧客から評価されている事項、認められている点
	《4》この商材が業績悪化要因につながっている弱み	《4》営業面全般での強みと言えるポイント
	《5》商品力、開発力、サービス力での弱み	《5》この商材提供に関する組織面・財務面全般で強みと言えるポイント
	《6》コスト力、価格力での弱み	《6》経営者、幹部、社員などの人材面で強みと言えるポイント
	《7》人材基盤（社員の質、層、組織力）での弱み	《7》生産面、開発面、その他の部門において強みと言えるポイント
	《8》設備力、資金力での弱み	《8》この商材に関して実践していることで業績に直結している点
	《9》この商材に関連した顧客クレームで多い項目の要因	《9》業者（仕入先、外注先、銀行等）から評価されている点
	《10》明らかに弱みと思われる社内事情（風土、気質、モチベーション等）	《10》先駆的に実践している点

図III-5　重点商材別の「脅威」「機会」「弱み」「強み」のポイント

III　SWOT分析による具休策立案の実例

※2～3か年の基本戦略に的を絞る

	基本ターゲット
ライバル商材	
マーケット	
必 要 顧 客	
そ の 他	

	強 み（S）
内部要因	《1》ライバルターゲット商材と比較して、自社が勝っていると自信のある点（ヒト、モノ、カネ、技術、情報、効率、社内環境等）
	《2》今までこの商材が継続発展してきた要素別の理由（ヒト、モノ、カネ、技術、情報、効率、社内環境等）
	《3》この商材が顧客から評価されている事項、認められている点
	《4》営業面全般での強みと言えるポイント
	《5》この商材提供に関する組織面・財務面全般で強みと言えるポイント
	《6》経営者、幹部、社員などの人材面で強みと言えるポイント
	《7》生産面、開発面、その他の部門において強みと言えるポイント
	《8》この商材に関して実践していることで業績に直結している点
	《9》業者（仕入先、外注先、銀行等）から評価されている点
	《10》先駆的に実践している点
	弱 み（W）
	《1》ライバルのターゲット商材と比較して、自社が明らかに負けている点（ヒト、モノ、カネ、技術、情報、効率、社内環境等）
	《2》この商材が顧客ニーズに対応していない現象と要因
	《3》この商材の顧客開拓、商品企画力の弱み
	《4》この商材が業績悪化要因につながっている弱み
	《5》商品力、開発力、サービス力での弱み
	《6》コスト力、価格力での弱み
	《7》人材基盤（社員の質、層、組織力）の弱み
	《8》設備力、資金力の弱み
	《9》この商材に関連した顧客クレームで多い項目の要因
	《10》明らかに弱みと思われる社内事情（風土、気質、モチベーション等）

図 III-6　商材別 SWOT 分析検討会・クロス分析フォーム

外　部　要　因	
機　会（O）	脅　威（T）
《1》この商材の競合が増えると市場はどう活性化されるか	《1》同業者、競合者、大手はこの商材の分野にどういう動きで脅威を与えているか
《2》業界苦境のなかでも成長している他社の商材は、何が市場ニーズにあっているのか	《2》この商品の役割寿命、技術革新による代替品の成長、それに乗った代替商品の参入は何が脅威か
《3》顧客（消費者）は今後、この商材の魅力やサービスにどういうメリットを感じて購入してくれると思うか	《3》この商材の低価格品、低利益品がどう市場を変えて脅威になっていくか
《4》不況や経済危機、デフレになると、この商材にはどんなプラス面が生まれ、作用するか	《4》この商品の取引先である既存顧客（消費者）のニーズはどうマイナスに作用するか
《5》政府の経済対策、規制緩和、規制強化はこの商材のマーケットにどうプラス面があるか	《5》主力取引先においてこの商材は、どういうマイナス要因で衰退していくか
《6》IT化、インターネットの普及で可能性あるビジネスチャンスは何か	《6》この商材のための仕入先、外注先には今後、どういう脅威がありうるか
《7》この商材に関して今後のどういう変化が、どんな新たな購買層、顧客層を生むと思われるか	《7》この商材のコストアップ要素として何が考えられるか
《8》今後の技術革新で、この商材のマーケットではどういうビジネスチャンスがあるか	《8》この商材を提供するうえで労働環境、人材獲得はどういう点が脅威か
《9》この商材は技術革新、グローバル化でどういうコストダウンの可能性があるか	《9》この商材に関して政府の法制化、規制緩和や規制強化はどのような脅威があるか
《10》この商材に関連する顧客や市場の勢力図はどう変化し、どういうゾーンがターゲットになりうるか	《10》この商材に関連するIT化、インターネット普及による脅威には何があるか
《11》全世界的な環境問題への取り組みでは、この商材のマーケットにどういうプラスが考えられるか	《11》この商材に関してグローバル化による脅威には何があるか
	《12》この商材に関する産業構造、消費構造、経済情勢の脅威は何か
この商材の強みを活かして、さらに伸ばしていく対策。または積極的に投資や人材配置して他商材との競合で優位に立つ戦略	この商材の強みを活かして、脅威をチャンスに変えるには何をどうすべきか
資金も人も投入する積極的な攻勢ゾーン	強みを活かして差別化するゾーン
この商材の弱みを克服して、事業機会やチャンスの波に乗るには何をどうすべきか	この所在の弱みが致命傷にならないようにするにはどうすべきか。またはこれ以上傷口を広げないために撤退縮小する対策は何か
弱みを改善してチャンスをつかむゾーン	致命傷回避・撤退縮小ゾーン

III　SWOT分析による具体策立案の実例　　127

次に同じようにクロス分析に進む。

「機会」と「強み」の「積極戦略ゾーン」を最初に、「脅威」と「弱み」の「致命傷回避ゾーン」と、一般のSWOTと同じように続く。

図III-5のキーワードのように、基本的には一般のSWOTと同じだが、商材にポイントを絞っているので、表現も商品に限定したものになっている。後は、図III-6にあるように、クロス分析シートに沿って議論を進める

2) 経営SWOT分析、商品SWOT分析から事業継続の判断を行う

一般的な経営SWOTも商品SWOTもどういうときに必要かと言えば、生き残るための中期ビジョンの展開のためである。その中期ビジョンを構築するために、冷静に自社の現状を見据えて、どういう戦略で生き残るかを検討するのである。

違った言い方をすれば、SWOT分析とクロス分析の結果、「致命傷回避・撤退縮小ゾーン」の戦略をしなければ、最悪のパターンを免れないとしたら、「経営者は判断すべき」だということである。このまま、将来もない事業を継続して、さらに傷口を拡大して破綻への道を進むのか、今ここでできる範囲の見切りをつけて、出直しの政策をとるのかである。

このままダラダラ将来性のない事業を続けていても、財務上も好転せず、資金も借り換えで何とか続けているだけの状況である。それは、金融機関が貸してくれている間のモラトリアム（猶予期間）に過ぎない。

筆者が中小企業のリストラをお手伝いするときも、このSWOT分析のクロス分析で再整理した「致命傷回避・撤退縮小ゾーン」対策の決断を迫ることが多い。この決意なくして蘇生ができないことは、筆者以上に経営者はよく知っているのだが、過去のシガラミで、勇気ある

決断ができないケースが目立つ。

　いずれにしても、SWOT分析のクロス分析は、「事業継続の判断」にも、重大な影響を与える経営管理手法である。「単なるマーケティングの一ツール」と軽んじることなかれである。

3）撤退縮小計画の進め方

　「致命傷回避・撤退縮小ゾーン」において、致命傷回避の対策も現実的に打てないと思われたら、今度は、今の事業（部門・商材）の撤退計画（売却計画）の検討をしなければならない。

　撤退縮小計画は、さまざまなシガラミがあるので簡単にはいかないが、先に大よその試算を行い、撤退コストや組織的な課題、顧客・取引先の課題対策を事前協議して、ある方向性を示す必要がある。

　特に重要なのが、撤退縮小に際して、どういうリスクヘッジや緊急事態の対策を準備したかである。この企画立案を十分詳細に詰めない限り安易に撤退の行動を取るのは危険である。筆者の経験でも、「準備不足の撤退は、なし崩し的に一気に下降する」傾向がある。

　したがって、企画立案時には、「仮説」、「シミュレーション」がたいへん重要なのである。

　図III-7にあるような「撤退縮小のプログラムの段取り」に沿って計画立案を行う。

〈1〉撤退縮小のデメリット（ダメージ）、メリット分析

　中小企業には、実際に撤退縮小の意思決定をしたにもかかわらず、その後にくるダメージの大きさや撤退コストの大きさに動揺して、途中で中止するケースも多い。それは、撤退縮小を多面的な角度から検証した「仮説」が不足しているからである。

第1段階	撤退縮小のデメリット（ダメージ）・メリットを再度分析する
第2段階	円滑な撤退縮小のための要素別条件表の整理（売上減の資金対策、顧客への代替対策、撤退縮小部門の再配置・リストラ対策、金融機関への対策、地域・外部機関への対策、社員への動揺対策等）
第3段階	撤退縮小に伴うコスト試算（先に発生する経費、保証金、違約金、生産性のない人件費、割増退職金等）
第4段階	撤退縮小の段取り行動計画表作成（優先順位、担当決め、段階別行動予定表）
第5段階	撤退縮小の行動計画の随時チェック（臨時リストラ会議の多頻度開催）

図III-7　「撤退縮小」プログラムの段取り

　ただ、そうは言っても、まだ根回しも公開もしてない段階で「撤退縮小」の情報漏えいが起こり、社員の離職と組織の混乱、取引先や金融機関の態度硬化、顧客離れが生じる可能性もある。それでも、多面的なメリット・デメリット分析は重要な段取りである（図III-8を参照）。

〈2〉円滑な撤退縮小のための要素別条件表の整理

　撤退縮小の意思決定がされれば、それをいかに円滑に行うかが焦点になる。どういう行動計画をとるにせよ、できるかどうかは別として、トラブルの少ない撤退縮小を行うには、「こうあるべきだ」という目標をもたねばならない。その目標となるのが、「条件」である。

図III-9は、その条件を記入する基本フォームである。

「円滑な撤退縮小のための要素別条件」とは、「できる範囲でどういうことを実行しておけば撤退縮小が円滑に進むか」、必要行動を整理したものである。

〈3〉撤退縮小に伴う行動計画の作成

〈2〉の「要素別条件表」が決まれば、それに沿った詳細な行動計画を立てる。この行動計画は、優先順位をしっかり決める必要がある。根回しや打診（「仮に○○したとしたら…」と仮の話で相手の反応を見る）なく告知すれば、顧客も社内も金融機関も過剰反応し、予想以上の速さでトラブルになりかねない。

そこで、そういう行動も期限と担当を設けて、粛々と表立たないように、限られた幹部層で行うことである。

中小企業は、内部情報の漏洩に対して規律が働きにくい傾向があるので、しっかりと念を押すことを忘れてはならない。

			業績悪化項目	およその額
撤退縮小時に起こるリスク	売上ダウン資金不足等の業績悪化はどれ位か	1		
		2		
		3		
		4		
		5		
	顧客はどういうマイナス行動に出るか	1		
		2		
		3		
		4		
		5		
	仕入先・外注先はどういうマイナス行動に出るか	1		
		2		
		3		
		4		
		5		
	組織の混乱・社員の離反は何があるか	1		
		2		
		3		
		4		
		5		
	金融機関はどういうマイナス行動に出るか	1		
		2		
		3		
		4		
		5		
	その他考えられるリスク	1		
		2		
		3		
		4		
		5		
			発生費用項目	およその額
	発生する新たな経費負担とその額はどうか	1		
		2		
		3		
		4		
		5		

図 III-8　撤退縮小のデメリット（ダメージ）、メリット分析

			業績プラス項目	およその額
撤退縮小するメリット	業績にはどうプラスに働くか	1		
		2		
		3		
		4		
		5		
	顧客に対するメリットは何か	1		
		2		
		3		
		4		
		5		
	仕入先・外注先に対するメリットは何か	1		
		2		
		3		
		4		
		5		
	社内の組織上のメリットは何か	1		
		2		
		3		
		4		
		5		
	金融機関にはどういうプラスが出せるか	1		
		2		
		3		
		4		
		5		
	その他考えられるメリットは何か	1		
		2		
		3		
		4		
		5		

要素	項目	#	条件
売上減に伴う資金対策	自前資金対策（資金繰り対策）	1	
		2	
		3	
	金融機関対策	1	
		2	
		3	
	融資以外の対策	1	
		2	
		3	
顧客対策	代替商材の提供	1	
		2	
		3	
	顧客離れ対策	1	
		2	
		3	
	風評対策	1	
		2	
		3	
組織対策	余剰人員の再配置対策	1	
		2	
		3	
	人員整理対策	1	
		2	
		3	
	社内動揺封じ込め対策	1	
		2	
		3	
社外向けPR対策	風評被害対応	1	
		2	
		3	
	撤退後の青写真	1	
		2	
		3	
	売却先・提携先・譲渡先対策	1	
		2	
		3	

※条件は具体的表現で、行動内容が分かるように記入する

図 III-9　円滑な撤退縮小のための要素別条件表

IV 会計事務所がSWOT分析を提案指導するノウハウ

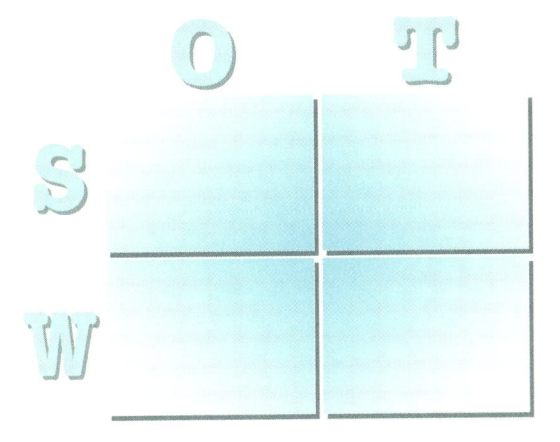

1 会計事務所がSWOT分析指導するメリット

1)「真の顧問先のパートナー」としてのスキルとコミュニケーションづくり

SWOT分析は職員も顧客も喜ぶ一石二鳥の指導ツール

　巷には多くの経営戦略分析手法がある。どれも自分たちの知識とスキルの範囲で最大限の分析を行い、最大公約数的な対策を導き出す。そして、選択された戦略に沿って中期経営計画を作成していくのである。SWOT分析もその一つで、SWOT分析があるから経営計画書に具体的根拠が明示できるのである。

　会計事務所の職員にも正直、ピンからキリまでいるので、十把一絡げで片付けるには無理があるが、総じて「提案が苦手」な人が多いように感じるのは筆者だけではないと思う。

　多くの職員は「顧問先のために、顧問先が喜ぶ、具体的な貢献がしたい」と考えているはずである。しかし、実務になると、通常の税務や決算が中心になり、未来へ向けた具体的な取り組みを提案できている人はそう多くない。考えてみれば、経営コンサルタントと違い、「報酬も割ける時間も少ないのにそんなところまでできない」というのが本音なのだろうが、そうとばかりは言えない。

　中堅若手の職員は研修等新たに学習したことをそのまま顧問先経営者へ提案し、実際にSWOTや経営計画書を作成している人も多いと思う。しかしベテランになると、その提案件数や実行が激減する傾向にあるようだ(例外もあるが…)。

　それは、なぜか？

ベテランの職員は知識も経験もあるが故に、SWOTや経営計画書の有用性に疑問を抱いたり、いざ提案してリスクになればヤブヘビになるという消極思想をもちがちだからだろう。

　中小企業の経営者には、数字や文書、図にすることで「気付く」ことが多く、むしろ「SWOT分析も経営計画書もして上げなければ申し訳ない」という考え方をもつべきではないだろうか。一度でもSWOTや経営計画書を作成して、喜ばれた経験をもてば、該当する顧問先にはすべて提案したくなるものだ。「真の顧問先のパートナー」として、経営者と一緒に考えてくれる職員は必ず評価されるし、そういう職員をもっている事務所を、他の事務所へ替えることは極端に少ないはずである。

　SWOTの指導は、実際に時間もかかるし手間もかかる。もしかしたら、その割には適正な報酬をもらえないかもしれない。それでも、職員のスキルアップと顧問先のために取り組んでほしいし、何より、この作業を通じて、経営者とのコミュニケーションがよくなることが大きなメリットであることを忘れてはならない。

　筆者の指導している事務所でも、ふと心配になることがある。

　「事務所のスタッフは、しっかり経営者の話を聴いているのだろうか？」と…。

　税理士事務所の職員教育の一環として「コーチング教育やロープレ」を実施しているが、実際に、「聴き方が下手」だと思われることもあるのが実感だ。すぐに「聞き上手になれ」とは言わないが、こういうSWOT分析の指導を何回も行えば、当然、聴き方もセンスが磨かれてきて、上手に相手の考えを導き出せるようになっていく。だから、SWOT分析の導入は、職員自身のスキルアップにもなり、顧問先にも喜ばれるという一石二鳥の指導だと確信するのである。

2) 方針・戦略の整理

　SWOT分析のメリットは、II章でも説明したように、いちばんの魅力は「方針や戦略、具体策の合理性を明確にすること」である。分かりやすく言うと、これから取り組む対策の根拠を明確にしたものだということだ。
　「経営者はいつも何か考えている。その考えていることを体系的に整理してあげること」、それがSWOT分析の魅力である。
　筆者の事務所でもSWOT分析の指導回数が増えているが、SWOT分析のクロス分析の結果、経営者から思いもよらぬ戦略やアイデアが生まれるケースはそう多くない。むしろ、「頭のなかが整理できました。突破口作戦が見えてきた感じです」と言われるのが圧倒的に多いのである。だから、職員がSWOT分析を行うときも、「奇策妙手」などのアイデアを期待してはいけない。そういう一瞬のヒラメキのような対策は、後で検証すると実現不可能なことが多いのも現実である。
　職員はSWOT分析を通じて、愚直にヒアリングし、経営者の考えている方針や戦略を整理することの支援に努めることが肝要だ。このSWOT分析の場に、経営者だけでなく、後2〜3人の経営幹部がいれば、上層部の方針や戦略の意思統一の場にもなり、経営者がいちばん喜ぶポイントになる。

3) 融資用事業計画書、利益計画書の根拠の整理

　会計事務所の職員は、顧問先経営者や銀行に依頼されて融資用の事業計画書を作成した経験があると思う。とにかく融資を受けるために、数値での計画を作り、根拠の乏しい売上対策や、できるかどうかも分からない原価・経費対策を数値化し、それに沿った資金返済計画を作

成する。形式上は、それを銀行担当者は稟議に上げて、返事を待つという形である。

　しかし今まで収支改善ができなかった企業が急に業績好転したかのような収支計画書の実現は、この不況下ではありえない。そうすると、「この業績になる根拠の説明をしてください」と、以前よりも厳しく追求されてくるだろう。

　そんなとき、SWOT分析のクロス分析や体系図、中期収支計画、四分の一半期実行計画落し込み表があれば、説得力が高まる。

　また、会計事務所では、経営計画シミュレーションソフトを使った利益計画書を作成し、決算報告時に提出しているところも多い。会計事務所が作成した利益計画書にも、その根拠となる対策や詳細なプランの追加があれば、決算報告会自体も、前向きな取り組みになってくるだろう。

　SWOT分析や「具体策のある経営計画書」の取り組みは、決算報告会も変えていくようになる。

　多くの会計事務所が行う決算報告会が新事業年度に入って2か月後に行われる。そこで、済んでしまった昨年の数値の過剰な説明や反省をこまごま言っても、「今年度をどうするか」に経営者の頭は向いているので、「決算発表と今期の展望報告会」にしたほうが有効だと考える。

　利益処分や申告税額がどうかなどは、事前の決算打ち合わせである程度しているはずだから、決算報告会は、今後のことに時間配分を増やすことが求められていると考える。

2　会計事務所でまずSWOT分析と経営計画書を経験

1）会計事務所SWOT分析の進め方

SWOT分析を経験することに比重を置く

　会計事務所職員が顧問先にSWOT分析の提案を促進するために、今まで「SWOTについて」の講義を、指導先である会計事務所や外部セミナーとして何回も実施してきた。何回も勉強した職員は、その理論も分かり、「SWOTの重要性」を顧問先に説明できると考え、提案結果とその報告を待ったこともあった。

　しかし、待てど暮らせど、「SWOTの話はしましたが、先方が乗ってこないものですから…」と頼りない返事が多かった。

　そこで、複数の事務所の職員に聞いてみた。

　「なぜ、SWOTや経営計画書の提案が進まないのかなあ？」と。

　するとこういう答えが返ってきた。

　「理屈では分かっているけど、実際にその現場を見ていないから、多分、説得力がないのでしょうね」と。

　恥ずかしい話ながら、実は筆者も基本を忘れていたのかもしれない。「体験をしてみて、頭ではなく、体と心に響かなければ、実行に移さない」ということを。

　その後、お付き合いする会計事務所には必ず、所長・職員と一緒に、その事務所のSWOT分析を行い、SWOTの体感とSWOTのクロス分析から生まれる経営計画書の作成を実感してもらうことにした。

　すると、少しずつだが、顧問先への提案も増えて、説得してくるようになった。事務所によっては、経営計画書のチャレンジは進んでも、

まだSWOT分析までできていないところもあるが…。
　では、会計事務所のSWOT分析の進め方について述べる。
　進め方は基本的には前項までに述べた企業のパターンと同じである。筆者が指導している会計事務所の規模は職員数7〜30名未満である。すると、多くの事務所では全員参加でSWOT分析を行うようになる（10名を越えたら選抜してもらう）。
　本来なら、10名以上もいると、参加者により温度差が生じ、議論が白熱しにくいものだが、「SWOT分析を経験すること」に比重を置いているので、そこは眼をつぶるとする。
　筆者が指導する場合は、司会進行はコンサルタントになる。先述したようにコンサルタントが司会をしながら、出た意見をパソコンに入力して、プロジェクターに投影するパターンである。
　コンサルタントを使わずに、事務所内で行う場合は、誰かに書記としてパソコン入力を依頼し、司会は所長以外の誰かにしてもらう。もし所長が聞き役に徹して、職員の意見を尊重しながら、自分の意見を上手に入れていけるのであれば、所長が司会でもかまわない。
　しかし、およそどの事務所でも「所長は経営者だから、所長が言えば、職員は黙ってしまう傾向」にあるようだ。所長以外が黙ったままのSWOT分析は、あまり意味がない。職員が参加してこそ、顧問先に説明できるのだから、そこは所長の我慢のしどころである。

事務所の特性が現れる「弱み」と「強み」

　これまで、多くの会計事務所のSWOT分析をしてきたが、「法律の基で業務がある会計事務所」では、4つの窓の「脅威」、「機会」は、どこも同じような感じである。あえて違うとすれば、「機会」において、積極的な営業やビジネス展開を考えている事務所では、「コンサルタント会社風」や「ビジネスサービス会社風」になっている。
　「弱み」、「強み」は、その事務所の特性がよく出てくる。この「強み」、「弱み」は、どこを基本ターゲットにするかで、本来は変わるはずだ。

しかし、今までの経験から言えば、具体的なターゲット事務所を選定しなくても議論は進む。なぜなら、所長の頭には感覚的にあるべき事務所のイメージがあるからだ。

　クロス分析においても基本どおりに進める。これまでの会計事務所のSWOT分析の指導現場では、筆者がいろいろな質問を繰り返し、それに答えたことをクロス分析のそれぞれのゾーンに記入してきた。なかには、筆者が「お宅の事務所にはこうあってほしい」と願う姿があれば、クロス分析の質問も誘導型になるケースもある。それでも答えたのは職員なので、トップダウンで言わせたわけではない。

　会計事務所の職員はなかなか積極的に発言しない人が多く、指名しないと発言しない場合が圧倒的である。決して意見がないわけではなく、「この意見があの質問に合致しているか自信がない」などの理由で、自ら発言しないのかもしれない。

　逆に、若手であまり経験のない職員ほど自由に意見を言うことが多いので、恐らくベテランほど考え過ぎて、単純な一歩が踏み出せないということなのだろう。

SWOT分析の面白みは、結果だけを見ても伝わらない

　図IV-1を見ていただきたい。これは複数の事務所の事例を部分的に抜粋したSWOT分析とクロス分析の一例である。

　こういう実物を見れば、「SWOT分析ってこんなものか」と簡単に片付ける人もいるかもしれないが、先ほどから述べているように、SWOT分析を経験して得た必要性や面白みは、結果だけのシートを見ても伝わらない。

　また、「これとまったく同じだから、そのまま記載しよう」などと安易に走ることも危険だ。参考にはしてほしいが、これ以外のことを上手に議論していただきたい。

　このクロス分析から優先順位を決め、基本パターンどおり体系図の作成に入る。

体系図は各事務所によって内容も優先度も異なるので、知恵の出しどころである。特に、中期的にどういう事務所を目指すのかをある程度決めないと単年度の計画には進めない。

会計事務所のSWOT分析のポイント

　会計事務所は顧問先の経営者に中期計画の重要性を説いているのに、自分の事務所の中期計画に具体性がない場合が多いのは、正直言って具合が悪い。所長クラスは分かっているはずだが、これでは『紺屋の白袴』だと揶揄されかねない。

　中期のポイントは、「業績に関する目標」、「品質に関する目標」、「管理に関する目標」の3つのカテゴリーに分けることだ。

　「業績に関する目標」では、商品別売上、顧問先件数（今後の開拓件数）、新たな商材の売上、1人当り売上などの業績目標を決める。商品別売上には、月次顧問、決算、相続、保険手数料、立会い料、その他などに分けられる。

　仮に、「経営計画書の有料提案」がクロス分析に入っているなら、その分の売上計画を入れなければならない。また、セミナーの多頻度開催がクロス分析にあれば、その売上科目を設定し、およその開催数と集客数と単価で、これも目標になるはずである。

　SWOT分析のクロス分析と優先順位に入った項目はすべて中期の収支目標に何らかの影響がなければならない。逆にクロス分析には、新たな商材や方針が入っているのに、業績目標に入っていない場合、その方針や戦略は、「ただ言っただけ」ということになる。クロス分析で出たのだから、それを目標に入れなければ何のためのクロス分析かということだ。

　次に「品質に関する目標」では、これはすんなり決まるケースが多い。例えば、決算業務の短縮化、書面添付率、巡回監査率、会計ソフト利用、自計化、顧客向けセミナー、決算報告会のパターン化、資格取得者数等、業務品質にかかわる目標なら何でもかまわない。

※2～3か年の基本戦略に的を絞る

基本ターゲット	
ライバル	
地　　域	
商　　材	
その他	

S 自社の強み	信用（財務・イメージ・対外）	電子申告、電子帳簿が進んでいる
		ISO9001取得による業務品質の信頼性がある
	商品（製品・サービス）	自計化を積極的に進めている
		継続MAS、経営計画書作成の指導が一部の職員にはできる
		相続関係の指導実績が豊富
		外部ブレーンが揃っている（コンサルタント、弁護士、司法書士、社労士、不動産鑑定士）
		顧問先向けセミナーを多頻度で開催している
	顧客（営業基盤・既存）	巡回監査が徹底しているので、顧問先がいち早く経営情報を知ることができる
		医療分野の指導実績が豊富
		公庫からの紹介が受けやすい（顧問先を紹介しても、受け入れやすい）・・その他金融機関（銀行、生保等）とのパイプが太い
		PCの相談、システムに対してサポート力がある
	人材（組織・管理）	監査要員が充実している（顧問先ごとに複数担当制を導入している）
		経験年数の多い職員が多い。平均以上の業務ができる職員が多い
		職員全員が保険取扱資格をもち、顧問先のリスク管理ができる
W 自社の弱み	信用（財務・イメージ・対外）	所長不在が多くて、顧問先との面談タイミングが取りにくい
		顧客満足を把握できていない。アンケートはあるが分析までできていない
	商品（製品・サービス）	事務所としてノウハウ、データが共有されず、個人スキルのままになっている
		税務、リスク管理以外での、特に経営アドバイスができていない
		資金管理の使用方法、使い方を提供し切れていない
	顧客（営業基盤・既存）	地方の顧問先が多く、非効率的である
		顧問先からに新規紹介が少ない（積極的にしていない）
		金融機関からの具体的な紹介が少ない（一押しがない）
	人材（組織・管理）	個人ごとの能力格差、知識格差が大きい
		担当者しか顧問先内容が分からない。システムとして情報共有ができていない。1人担当なのでフォローが隅々までできていない
		顧問報酬の改定（値上げ）に関する交渉力の弱さがある。営業力が不足

図IV-1　会計事務所のSWOT分析シート（例）

	会社名	
	参加者名	

O	外部環境で自社にとっての機会（チャンス・プラス要因）	T	外部環境で自社にとっての脅威（マイナス要因）
1	経営セミナー等で経営情報を得たいという顧客ニーズが高まる	1	顧問料が安価なことをPRする事務所が増えてくる。伸びない顧問先の顧問料アップがむずかしくなる
2	税法が複雑になるので、専門的アドバイスのニーズが高まる	2	企業数・関与先が減少する（不況による倒産、後継者不足による廃業等）
3	金融機関が融資するうえで、中小企業会計指針、書面添付の認知度が高まり、対応している事務所は有利になる	3	他地域から税理士が顧問先獲得に乗り出し、さらに競合激化に比較されて、値下げ要求が出る可能性がある（ネットによる業務が進んで）
4	相続税、資産税対策のニーズが高まる（後継者難への対応も求められる）	4	記帳代行が無料化する（誰でもパソコンでできるようになるから）
5	資産運用的なアドバイスが求められるようになる	5	安価な市販の会計ソフトが出回り、税理士事務所でなくてはならない理由が減ってくる
6	税理士事務所に求めるのが税金のことだけではなくなった（経営計画、信託財産関係）	6	インターネットの普及により税法の知識の入手が簡単
7	金融機関が取引先に対して細かいサービスをしなくなるので、隙間サービスのニーズが増える	7	税理士の広告解禁で安い単価を提示している税理士事務所と比較されて、値下げ要求が出る可能性がある
8	PR方法が多様化し、今までのBtoBから、打って出る方法が増えてくる	8	税法が複雑になることで、会計事務所の損害賠償リスクが増える

	自社の強みを活かして、さらに伸ばしていく分野。または積極的に投資や人材配置して他社との競合で優位に立つ業務		自社の強みを活かして、脅威をチャンスに変えるには何をどうすべきか
1	広告を具体的に記す（例：HPに相続税に強い会計事務所など）	1	後継者への教育（税務、会計）を早期の段階から仕組みに入れる（後継者との接点増。社長、後継者、事務所との共同作業の実施）
2	相続資産税の個人向けセミナーの開催（不特定）	2	ホームページの活用によるサービス力とPR力の向上（プロジェクトによるコンテンツの作成。提携士業のHPと相互リンク）
3	医療、資産税の専門のアドバイザーを育てる		
4	一般企業の開拓がむずかしくなるので、一般個人向けの相続関係のニーズが増えてくる。それに沿ってPRを行う（個人を狙うことで、企業認知度も上がる）プレ相続の商品化	3	
5	金融機関と提携先とのセミナーの継続開催（新規開拓、顧問先サービス等）		
6	事務所としての「見える化」アピール強化（電子申告、経営革新、経営計画、ネットワーク他）		
7	セカンドオピニオンになるために、金融機関からの紹介を増やす	4	
8	調査後、決算後の「反省会」の仕組み化で全員での情報共有（税や否認の事例などのタイムリーな事例交換会）		
9	事業承継・相続関係（相続前の有料シミュレーション）を伸ばす（所内で知識ノウハウをもつ相続関係プロジェクトチームを作る）		
10			
11		6	
12			

	自社の弱みを克服して、事業機会やチャンスの波に乗るには何をどうすべきか		自社の弱みが致命傷にならないようにするにはどうすべきか。またはこれ以上傷口を広げないために撤退縮小する分野は何か
1	金融機関へ提出する融資用事業計画書を作成支援を行い、顧問先貢献と対金融機関の認知度の向上	1	SAAS普及による顧問先の減少（小規模事業者向け）でも相続以外の個人客は追わない
2	記帳代行を有料化して、逆に商品にする（専門に行う部署または事務所）		
3	税法と会計指針、経営アドバイスの研修を増やす	2	職員ごとにイメージしやすい業種・身近な業種への積極的な開拓（飲食業、製造業）
4	専門担当の明確化と各自が1つの専門を作り、所内研修と営業の実施（例：相続税なら誰と決めて、集中して業務と研修を行う）		
5	おカネがもらえる「なんでも屋」になる	3	銀行から紹介をもらうために、セミナー（講師）の活用。接点をもった行員に定期的な管理と接点づくり
6	資産管理のシステムを学習し、顧問先へ提案をする		
7	巡回監査先に担当以外でも監査できるような監査の標準化	4	
8	田園部の金融機関と連携して、顧問先拡大をする		
9	経営計画書作成と会議指導に強い事務所をPR	5	

「管理に関する目標」では、事務所業務の合理化の目標、職員のスキルアップ、マネジメントのパターン化、給与制度等が挙げられる。特に、「管理に関する目標」は、中期目標になりやすい面が多いので、これもあまり時間がかからず埋まってしまう。

中期目標の「業績に関する目標」、「品質に関する目標」、「管理に関する目標」から、今期中に成果を出すべきこと、または仕掛けること・準備することが今期の方針と具体策になっていく。

特に、一般企業の体系図でも述べたが、「中期のための仕掛け」行動が単年度に入ってなければ中期の実現がむずかしいのは、企業も会計事務所も同じである。

使用フォームは一般企業用の図II-5と基本的には同じである。

2）SWOT分析後の事務所の経営計画書作成方法

体系図ができたら、それをいかに実行に移すかの「四分の一半期実行計画書」の作業に入る。

会計事務所の場合、決算に従って１月〜12月までとすると、いきなり第一四半期に確定申告がきてしまい、さらに第２四半期に３月決算の５月申告と、職員の時間をとる季節が目白押しである。すると、規模のあまり大きくない会計事務所では、いきなり行動の躓（つまず）きになってしまう。最初ができないと、次もしたくなくなるのが悲しい人間の性のようで、せっかく作成した事務所の経営計画書はスタートから挫折することになる。

筆者も会計事務所の経営計画書作成指導のなかで、こういう経験を何回もしている。そこで、数値的には決算どおりの１月〜12月でもかまわないが、実行計画を一般企業のように「４月〜翌年３月」にする方法もある。これなら、確定申告の期間を避けることができ、企業活動と連動していることになり、例えば、年間セミナー計画は顧問先にも

分かりやすい。

　反面、経営計画書の作成時期に確定申告が重なるという課題もあるが、最近の事務所では、1月から2月中旬までに分析と年度方針を決めて、3月下旬から4月にかけて実行計画書を作成するパターンが増えた。どこで始めようが常に何かの行事やできない理由はたくさんあるので、その気があるなら、いつ実行してもよいはずである。

　筆者が提案する会計事務所の経営計画書の作成の目次は以下のとおりである。

〈1〉「○年度　経営計画書」と書かれた表紙
〈2〉経営計画書目次
〈3〉経営計画書配布に当たって
〈4〉事務所経営理念
〈5〉SWOT分析からの体系図
〈6〉中期の収支目標具体策連動表
〈7〉前期の反省分析
〈8〉今期の組織図
〈9〉チーム別・個人別業績目標シート
〈10〉今期のスローガン及び重点具体策（四分の一半期実行計画書）
〈11〉年間会議体系
〈12〉年間セミナー計画

　今回、共著者として本書を執筆していただいた宮崎延岡の馬服税理士事務所も鹿児島の山之内素明税理士事務所も、この流れで事務所経営計画書の作成に協力している。

　前述したように、会計事務所の経営計画書を企業パターンに沿って、全員参加型で作成する目的は、「自事務所の経験を通じて、顧問先の経営計画書を作成支援するため」である。経営計画書は作成するだけなら、中小企業においての効果は、それほど大きくはないのが実状だ。

この経営計画書を定期チェックして、実行に結び付けさせることで、計画書の効果は極大化していく。だから、経営計画書の支援において重要な会計事務所のアクションは、「四分の一半期実行計画書」のチェックなのである。

ということは、会計事務所の経営計画書の「四分の一半期実行計画書」もある程度、詳細なプランになっていなければならない。したがって、具体的な行動ができるような書き方や表現になるように注意している。

とかく中小規模の会計事務所も中小企業と同様、「行動計画で決めた」にもかかわらず、実行が遅くなるところが多い。顧問先の経営計画書のチェック指導を行うには、事務所自身の風土を少しずつでもかまわないから、変革していく決意が求められる。

3) 所内経営計画発表会の体験

事務所の経営計画書ができたら、所内で「経営計画発表会」を経験してもらうようにしている。「経営計画発表会」も、計画書同様、顧問先で「経営計画発表会」を事務所が指導するようにしてもらうための模擬訓練として体感してもらうためである。

まず、顧問先企業の「経営計画発表会」を実施する目的は次のようなものである。

- 経営者の決意を内外に示す場である。
- 経営計画の内容を全社員に説明し、会社の方向性について理解を促進する。
- 経営計画発表会を開催することで、社内が締まり、よいスタートラインにつける。
- 経営者・各幹部が行動内容や決意表明をすることで、「有言実行」

のレベルが上がる。
- 社外の関係者(仕入先、取引金融機関、社長仲間、他)へ会社の姿勢や目標を示すことで、さらなる協力を得られるようにする。
- 今後、会社が変わっていく最初の変化を公表する場である。

さらに、会計事務所にとっても顧問先の「経営計画発表会」を指導することは下記のような目的がある。

- 事務所の具体的な支援が社員にも分かるようになる。
- 発表会に銀行や仕入先、社長仲間を呼ぶことで、事務所PRになる。
- 所長がなかなか訪問できない顧問先へ具体的な指導。
- 職員が司会や激励講演をすることで、経験の幅が広がる。

このようなことを念頭に置いて、所内の「経営計画発表会」を体感してもらうのである。

式次第は次のような段取りである。所要時間にして90〜120分前後となる。

〈1〉 開会の辞
〈2〉 経営理念唱和
〈3〉 所長方針発表
〈4〉 各部門目標と決意表明
〈5〉 職員代表宣誓
〈6〉 激励挨拶
〈7〉 閉会の辞
〈8〉 今期の組織図
〈9〉 チーム別・個人別業績目標シート
〈10〉 今期のスローガン及び重点具体策(四分の一半期実行計画書)

「所長方針」は……

- 「業界の動向」・「現在の事務所経営環境」の説明
- 「経営計画書を作成するようになった背景」
- 「経営計画書」作成過程の報告
- 「中期ビジョン」・「中期経営計画数値」の説明
- 「前期の反省」の説明
- 「今期の経営方針」・「経営具体策」の説明
- 総括的な決意
- 経営者からの「方針発表」時間は20〜40分

「各部門目標と決意表明」は……

- 担当部門の方針や重点具体策を発表(書いたものを読みあげるだけでなく、自分の言葉で説明する)
- 幹部としての決意を述べる
- 発表時間は10〜15分

ただし、全員に一言ずつ決意表明をもらうこともある。

「職員代表宣誓」は……

- あらかじめ「職員代表宣誓」の文書を経営計画書検討中に作成する。原則縦書きで、経営方針に準拠した表現で作成する。
- 職員のなかから発表者を決める。
- 宣誓書は、経営者を前にして、社員代表が読み上げ、その場で渡す儀式である。

「激励挨拶」は、筆者が協力して計画書を作成する場合は、筆者のような経営コンサルタントが行う。会計事務所が顧問先で行う場合は、この担当は所長である。

《宣誓文の内容例》

宣　誓

　私たち職員一同は、今期のスローガンである「顧問先の経営にプラスαの提案」を目指し、顧問先へ、具体的に貢献できるよう努力します。またこの経営計画書に記載された目標と対策をしっかり実行し、顧問先に範を示せるよう全員一同、鋭意まい進することをここに誓います。

平成　年　月　日

職員代表　　山田太郎

○○税理士事務所
所長　○○○○　殿

　発表会全体が時間内に終わるように、この激励挨拶は加減しなければならない。基本は10～20分くらいで、前向きな経営計画書に立脚した話題にすることである。

　以下のページでは、実際の会計事務所の所内経営計画発表会の、司会者マニュアルを紹介しているので参考にしていただきたい。ケジメと、きりっとした雰囲気のなかで発表会を進めるのがポイントである。

（○○会計事務所）　経営計画発表会　司会進行の進め方

〈司会〉○○○○

　皆さん、お疲れ様です。これまで、皆さんで作成してきた「経営計画書」をこういう形で改めて所内で発表するには目的があります。
1. 顧問先へ経営計画書作成を提案した後、この社内発表会はセットとなります。その場合、この発表会は事務所の職員が推進する形になります。そこでまず、どういうものかを知ってもらうためです。
2. 本来なら、顧問先で行う経営計画発表会には、銀行の担当者にも来ていただき、ご挨拶をしてもらいます。当然、その銀行関係者にも「○○会計はこういうことまでやっているのか」と知ってもらうことで、今後の紹介依頼にも弾みをつけようというものです。

　今回は、はじめて、「○○会計事務所」の経営計画発表会をこれから行ないますが、皆さんは、そういうつもりで、自身の事務所の発表会でありながら、顧問先にも提案する発表会だとご理解して参加してください。

　まず、開会にあたって、2点注意事項がございます。
　第1点は、「携帯電話はオフでお願いします」。
　第2点目は、今回の経営計画発表は、○○所長、以下課長が、目標や計画について、前で発表いたします。
　開会の最初と最後、そして毎回の発表を始める前に、「ケジメ」をつけますので、よろしくご協力ください。

　まず、開会の「ケジメ」は、私が開会の言葉を言った後、「一同起立」と申し上げますので、皆さんは一斉に立ち上がってください。
　そして私が「よろしくお願いします」と言ったら、続いて皆さんも「よろしくお願いします」と元気な声で発声して、一礼してください。「着席」と申したら、そのままご着席ください。

　また、○○所長はじめ各課長は、発表する際に、前に立ちましたら、「ただいまから発表します。よろしくお願いします」と言ってから、方針計画の発表をお願いします。その際、皆さんも、続いて「よろしく

お願いします」とご挨拶ください。

　各発表の際は、皆さんは座ったままでけっこうです。

　発表者の方は、発表が終わりましたら、「以上で発表を終わります。ありがとうございました」とケジメをつけてください。皆さんは、続いて「ありがとうございました」と発声と一礼されて、拍手もお願いします。

　それでは「ただいまから、2009年度、○○会計事務所、経営計画発表会」を開催します。
　一同、起立「宜しくお願いします」・・・（よろしくお願いします）

　事務所理念の唱和を致します。「経営理念　・・・・」

（着席）

　それでは所長から「今年度の経営方針」のご説明をいただきます。
○○所長、演台へお進みください。

〈○○所長〉
　「それでは、これから今期の経営方針について発表します。よろしくお願いします」・・・（よろしくお願いします）
1. SWOT分析から引用して、今後の事務所を取り巻く環境とあるべき姿、中期ビジョン
2. 経営方針スローガンおよび重点具体策
3. 職員に何を期待し、どうしてほしいか
※発表時間は10～15分前後

　「以上で経営方針の発表を終わります。ありがとうございました」・・・（ありがとうございました）

（着席）

〈司会〉
　続いて、各課長より、各課の方針、計画の発表を行います。
　各課長は、演台に立ったら、「ただいまから○○課の目標と行動方針を発表します。よろしくお願いします」とケジメをつけてから、説明に入ってください。
　発表時間は10分以内でお願いします。5分過ぎましたら、私が、手を上げますので、それを目安にお願いします。

　発表の順序は、「チームごと目標」、「それを実践するための行動計画」、そして今期の意気込みや思いを言っていただければけっこうです。

　発表が終わったら、「以上で○○課の発表を終わります。ありがとうございました」とケジメをつけてください。
　皆さんもその後、「ありがとうございました」と続けて、一緒に激励の拍手もお願いします。

　それでは、「第1課　○○課長」前へお願いします。チームメンバーも一緒に前へ出てください。
　発表は課長からお願いします。皆さんは座ったままで「ケジメ」をつけます。

〈○○○○〉
　『ただいまから、第1課の目標と行動計画を発表いたします。よろしくお願いします』・・（よろしくお願いします）
（リーダーの発表）
　「以上で、第1課の発表を終わります。ありがとうございました」・・・（ありがとうございました）パチパチ
続いて第2課　お願いします。

〈○○○○〉
　『ただいまから第2課の目標と行動計画を発表いたします。よろしくお願いします』・・（よろしくお願いします）
（リーダーの発表）
　「以上で、第2課の発表を終わります。ありがとうございまし

－3－

会計事務所職員・金融機関担当者向け
SWOT分析支援ツール収録CD-ROMのご提供

　本書で紹介している各種フォームや、SWOT分析研修に必要な各種ツールを加筆修正可能なエクセルのデータで収録しています。原文のまま、または加筆修正後プリントアウトして、法人客への提案や所内研修、セミナー等でご活用ください。

《収録フォームとノウハウ》
1. バランススコアカード（BSC）の流れ
2. SWOT分析の作業フローチャート10のプロセス
3. SWOT分析する際の司会のポイント5
4. SWOT分析検討会のスケジュール（事例）
5. 「脅威」「機会」「弱み」「強み」のポイント・・・質問のヒント
6. SWOT分析検討会　クロス分析フォーム
7. SWOT分析検討会の流れ・・・10段階
8. SWOT分析　クロス分析の定義と各ゾーンのチェックポイント
9. 4つの窓からクロス分析の各ゾーンを導き出す（イメージ図）
10. クロス分析の優先順位決め（イメージ図）
11. SWOT分析から中期経営方針、単年度具体策体系図
12. 四分の一半期毎実行計画落し込み表《事例》
13. 今期の具体策と連動させた収支表（事例）
14. 印刷会社のSWOT分析シート（事例）
15. 印刷会社　2か年環境予測と中期経営方針・計画体系図（事例）
16. 介護施設　SWOT分析シート（事例）
17. 中小規模の住宅会社SWOT分析シート（事例）
18. 重点商材別の「脅威」「機会」「弱み」「強み」のポイント
19. 商材別SWOT分析検討会　クロス分析フォーム
20. 「撤退縮小」プログラムの段取り
21. 撤退縮小のデメリット（ダメージ）、メリット分析
22. 円滑な撤退縮小の為の要素別条件表
23. 会計事務所SWOT分析シート（事例）
24. （○○会計事務所）経営計画発表会　司会進行の進め方
25. SWOT分析　事前説明会テキスト
26. SWOT分析　実践作成　1日セミナー案内（事例）

会計事務所職員・金融機関担当者向け
SWOT分析支援ツール収録CD-ROM注文書

■対応ソフト　　Windows Excel & Word
■価　　格　　5,000円（税込・送料込）

貴社名	
ご住所	〒
連絡先	TEL　　　　　　　　FAX
注文者ご氏名	
メールアドレス	

※上記個人情報は本件使用目的以外には使用しません。
※本製品は予告なく内容を変更する場合があります。
※製品には万全を期しておりますが、万一不良等がございましたら、新品と交換します。

■申込方法
　上記の注文書に必要事項をご記入の上、FAXまたはメールで下記宛てお申し込みください。
　メールの場合は、上記の必要事項の情報をもれなくご記入して送信してください。

■お支払い方法
　商品発送と共に請求書を同封しておりますので、到着後10日以内にお振り込みください。振込料は貴社負担にてお願いします。

FAX：096-334-5778

メールアドレス：consult@re-keiei.com

㈱アールイー経営　　　　　　　　　　　　〈担当　日枝（ヒエダ）〉
〒860-0833　熊本市平成3-9-20　2F
TEL 096-334-5777

た」・・・（ありがとうございました）
続いて□□課長お願いします。

〈○○○○〉
『ただいまから、第3課の目標と行動計画を発表いたします。よろしくお願いします』・・（よろしくお願いします）
（リーダーの発表）
「以上で、第3課の発表を終わります。ありがとうございました」・・・（ありがとうございました）

〈司会〉
　それでは、ここで今回の経営計画の作成等いろいろご指導いただいている□□□□　○○社長から激励のご挨拶をいただきたいと思います。
　今回は○○先生にお願いしますが、顧問先での経営計画発表会では、ここで来賓の挨拶になります。
　多くは仕入先や銀行の支店長クラスです。また皆さんが司会をする場合は、△△所長に来賓の祝辞を依頼するケースもあります。それでは○○先生、お願いします。

《講師が演台に立ったら》
〈司会〉
　皆さん、座ったままでけっこうです。私からケジメを行いますので、皆さんも続いてお願いします。
　「姿勢を正して、よろしくお願いします」・・・（よろしくお願いします）

〈講師〉
　講師が激励挨拶終了時に「・・・・以上で終わります」と言ったら、

〈司会〉
　「姿勢を正して、ありがとうございました」・・・（ありがとうございました）

次に職員代表宣誓をいたします。
　　では、前へお願いします。
　　代表宣誓は、○○さんよりいたします。それでは○○さん、前へお進みください。
　　宣誓が終わりましたら、宣誓書を所長へ手渡し、一礼してから、自席に帰ってください。その際、職員全員も一礼してください。
　　○○所長、演台へお進みください。
　　それでは、職員は起立してください。

※宣誓者は、のしから、宣誓文を取り出し、大きな声で読み上げます。
　読み終わったら再度、のしに包んで代表者へ手渡します。

《職員代表が宣誓文を読み上げる》

〈所長〉
　　受け取った後、「確かにいただきました。皆さん方の努力に期待します」

〈司会〉
　　では、○○所長、○○さんは、お戻りください。

　　これで、第1回目の経営計画発表会の式次第が終わりました。
　　最後にケジメをつけて終了します。
　　皆さん、私の号令に従ってお願いします。
　　姿勢を正してください。

《起立した状態で》
　　「以上で2009年度○○会計事務所　経営計画発表会を終了します。ありがとうございました」（ありがとうございました）
　　「どうもおつかれさまでした」
　（パチパチ　皆さんもパチパチ）

3　顧問先内でのSWOT分析の進め方

1）小規模事業所では職員が司会、書記を行う

　会計事務所職員が指導するSWOT分析の該当顧問先の多くは、中小企業である。また、中小企業だからこそ職員でも指導できるようにという前提である。

　具体的な進め方は、今まで述べてきた基本パターンと同じで、司会者である職員主導で進めていく。おそらく、こういう検討に慣れていない経営者や幹部がほとんどであるので、議論のみに集中させるためには司会や書記は職員が行うほうがよい。

　本当は、1人で2役をお願いしたいところだが、慣れていない職員も多いので、事務所から司会者と書記の2名が参加する場合もある。

　そしてけっこう重要なのは、どういう場所で検討を行うか、である。小さな会社には、会議室らしきスペースもなく、雑然とした事務所で、電話も頻繁にかかってくる状況が多い。しかし、そんな状況で将来の戦略を決める議論展開をしても、集中度が下がって気合も入らない。できるだけ近くの外部の貸し会議室や公民館等を借用し、議論中は携帯電話もオフにするようにする。

　また、原則パソコンとプロジェクターを使って参加者に見えるように進行するが、4つの窓（脅威・機会・弱み・強み）ひとつをとっても、意見がたくさん出てくれば、追加記入していくうちに、1つの画面では投影できなくなり、何回もマウスでスクロールするうちに見えにくくなってくる。

　そこで、4つ窓ができた時点で、A3にプリントアウトして、それを

見ながらクロス分析の検討に入る。とにかく、参加者の意識が少しでも遠のかないように、配慮することが職員には求められる。

2）事前のSWOT分析勉強会を実施

　SWOT分析検討会を行う前に、参加者向けに事前の説明会をすることが多い。それは、事前に4つの窓を考えてきてもらうために、それぞれに対してピントボケの意見にならないようにするためである。現実には、いかに分かりやすく事前説明しても、ピントボケの意見を用意する参加者がけっこう多い。

　それはともかく、事前説明会でのポイントを下記に記す。

- SWOT分析の目的と、その結果をどう生かすかの説明をするレジメを用意する。
- 他社の事例を見せながら説明し、イメージを沸かせる。
- 4つの窓に書く内容を、事例を交えて説明と資料を渡す。

　したがって、この事前説明会で準備する資料は、本書のデータ図Ⅱ-5、図Ⅱ-6、図Ⅱ-8、図Ⅱ-9である。

　さらに一般向け説明資料として、次のような事前説明資料（p.159〜p.164）を使って、参加者に予めどんなことをすべきかを説明しておく。宿題を忘れさせないためには、途中でチェックを入れるか、会社のどこか見える場所に約束事として掲示させるようにする。

SWOT 分析　事前説明会　　　平成　年　月　日

1　SWOT 分析の目的

〈1〉SWOT 分析とは何か？
① 主にマーケティング戦略や経営戦略で使われる分析手法である
② 自社の現状把握とその中からの課題を抽出するための分析手法である
③ 自社の置かれた客観的な外部要因と、社内事情である内部要因をマトリックスで見ることで、より現実的な対策案を出す、『見える』分析手法である

〈2〉SWOT 分析の結果、得られるもの
① 自社の「積極的に実行すべき具体策」「致命傷回避のため喫緊の具体策」が見えてくる
② 自社の中期ビジョンと中期までに解決せねばならない課題が見えてくる
③ あるべき姿ではなく、自社で実現可能な、現実的な最低限必要な方針や具体策が見えてくる
④ 頭で考えていた方向性や対策が、「見える」ことでスッキリイメージ化できるようになる

〈3〉SWOT 分析のイメージ図

← 自社を取り巻く外部環境の変化 →

		外部環境分析	
組織の経営資源		(3) 機会　チャンス（Opportunity）	(4) 脅威　ヤバイ（Threat）
内部要因分析	(1) 自社の強み（Strength）	活用　積極的攻勢[積極的戦略]	解消　差別化戦略
	(2) 自社の弱み（Weakness）	改善　段階的改善施策	回避　致命傷回避・撤退対策

↑ 自社の能力分析 →

行動計画　「実行計画と行動」

— SWOT 分析事前説明会　1 —

2　SWOT分析の段取り

〈1〉SWOTのOT「機会」と「脅威」の分析整理
　① 機会（O）を冷静に整理……見通しの明るい分野を多面的に分析
　② 脅威（T）を冷静に整理……厳しい経営環境を分析

〈2〉SWOTのSW「強み」と「弱み」の分析整理
　① 強み（S）の整理
　② 弱み（W）の整理

〈3〉目標の設定（中期的にどういう事業体を目指すか。基本数値やドメイン等）

〈4〉クロス戦略・戦術の整理
　① 「強み」と「機会」から生まれる戦略……積極投資戦略（1か年の重点取り組み）
　② 「弱み」と「機会」から生まれる戦略……2か年計画で改善する戦略
　③ 「強み」と「脅威」から生まれる戦略……業界苦境のなかで自社の強みを活かす、または縮小戦略
　④ 「弱み」と「脅威」から生まれる戦略……縮小・撤退する戦略

〈5〉2か年計画か今期実施かの色分け

〈6〉色分けされた戦略を部門別に整理（経営・営業・生産・開発・総務等）

〈7〉中期経営計画への反映……中期経営基本数値と戦略連動表への反映

〈8〉今期経営計画への反映……今期経営基本数値と対策連動表への反映

〈9〉部門別実行具体策への反映……今期中の実行具体策への反映

3　S：自社の強みの発見の仕方

〈1〉「強み」とは、これからやりたいことではなく、すでに評価が出てる事実を指す。

〈2〉「強み」とは、「弱み」と表裏一体だが、未来に向けて、少しでもプラスであれば、強みとなる。

〈3〉今は、強みでも、それが近い将来「弱み」に変わる場合は、「弱み」にも挙げる。

〈4〉同地域・同業種の企業と比べて、「ココは当社が勝っている」と思われる点は何か？→顧客が当社の強みと認知している事項は何か？

― SWOT分析事前説明会　2 ―

《1》	ターゲット業者と比較して、自社が勝っていると自信のある点（ヒト、モノ、カネ、技術、情報、効率、社内環境等）
《2》	今まで事業が継続発展してきた要素別の理由（ヒト、モノ、カネ、技術、情報、効率、社内環境等）
《3》	顧客から評価されている事項、認められている点
《4》	営業面全般での強みと言えるポイント
《5》	組織面・財務面全般で強みと言えるポイント
《6》	経営者、幹部、社員などの人材面で強みと言えるポイント
《7》	生産面、開発面、その他の部門において強みと言えるポイント
《8》	実践していることで業績に直結している点
《9》	業者（仕入先、外注先、銀行等）から評価されている点
《10》	先駆的に実践している点

〈5〉過去から今まで、顧客から「他社よりも御社はよい」と具体的に褒められたこと
　① 総論ではなく、具体的な体制、サービス、提供内容
　② 褒められて、そのこと自体で営業に貢献している事実……「褒められても、具体的な貢献がない場合は、社交辞令もありうる」

4　W：自社の弱みの発見の仕方

〈1〉「弱み」とは、今までクレームや不平、不具合、取引にマイナス影響があった事実、同業者から負けた事実等を指す。（※ここでは、価格だけを重点にしないこと）
〈2〉「弱み」とは、「強み」と表裏一体だが、未来に向けて少しでもマイナスであれば弱みとなる。
〈3〉今は弱みでも、それが近い将来「強み」に変わる場合は、「強み」にも挙げる。
〈4〉同地域・同業種の企業と比べて、『ココは他者と比べても当社が負けている』と思われる点は何か？→顧客が当社の弱みと認知している事項は何か？

《1》	ターゲット業者と比較して、自社が明らかに負けている点（ヒト、モノ、カネ、技術、情報、効率、社内環境等）
《2》	顧客ニーズに対応していない現象と要因
《3》	顧客開拓、企画力の弱み
《4》	業績悪化要因につながっている弱み
《5》	商品力、開発力、サービス力での弱み
《6》	コスト力、価格力での弱み
《7》	人材基盤（社員の質、層、組織力）の弱み
《8》	設備力、資金力の弱み
《9》	顧客クレームで多い項目の要因
《10》	明らかに弱みと思われる社内事情（風土、気質、モチベーション等）

〈5〉 今は競合関係は薄いが、近い将来本格的にバッティングしそうな仮想ライバルと比較して、どこが弱いか。

〈6〉 将来の業界動向を考えたときに、弱点になりそうなところはどこか？

〈7〉 今まで、顧客から自社の体制、商品力、情報提供、付加価値などで、自社の営業品質についてクレームが出たことは何か

5　O：自社の「機会」「チャンス」の出し方…見通しが明るい状況

《1》	新規に参入する業者ができると、市場はどう活性化されるか
《2》	業界苦境のなかでも発展している同業者は、何が市場ニーズに合っているのか
《3》	顧客（消費者）は今後、どういう商品サービスにメリットを感じて購入してくれると思うか
《4》	不況や経済危機、倒産の増加は、自社にどうプラスに作用するか
《5》	政府の経済対策、規制緩和、規制強化は自社のマーケットにどのようなプラス面があるか
《6》	IT化、インターネットの普及で可能性あるビジネスチャンスは何か
《7》	今後のどういう変化が、どういう新たな購買層、顧客層を生むと思われるか

《8》	今後の技術革新で、自社のマーケットではどういうビジネスチャンスがあるか
《9》	技術革新、グローバル化でどういうコストダウンの可能性があるか
《10》	顧客や市場の勢力図はどう変化し、どういうゾーンがターゲットになりうるか
《11》	全世界的な環境問題への取り組みでは、自社のマーケットにどういうプラスが考えられるか
《12》	環境の変化、競合の激化で仕入先、外注先の変化は自社にどうプラスに作用するか

6 T自社の「脅威」「リスク」の出し方

《1》	同業者、競合者、大手の動きで脅威には何があるか
《2》	商品の役割寿命、技術革新による代替品の成長、それに乗った他業界からの参入は何が脅威か
《3》	低価格品、低利益品がどう市場を変え脅威になっていくか
《4》	取引先である既存顧客（消費者）のニーズはどうマイナスに作用するか
《5》	主力取引先は、どういうマイナス要因で衰退していくか
《6》	仕入先、外注先には今後、どういう脅威がありうるか
《7》	コストアップ要素として何が考えられるか
《8》	労働環境、人材獲得はどういう点が脅威か
《9》	政府の法制化、規制緩和や規制強化にはどのような脅威があるか
《10》	IT化、インターネット普及による脅威には何があるか
《11》	グローバル化による脅威には何があるか
《12》	産業構造、消費構造、経済情勢の脅威は何か

7 「強み」と「機会」から生まれる戦略…積極投資戦略（1か年の重点取組）

〈1〉 伸ばすべき商品、強化すべきサービス体制、即行う社内組織再編等、この1年間で具体的に着手することで、同業他社よりも一歩抜きん出る戦略

〈2〉 複数の強みと複数の機会（チャンス）から、生まれる戦略であること

〈3〉 このクロス部分は、戦略的なこと、「何を、どこへ」と、大きな動きが

見えること、またある程度の固有名詞が入ったことが戦略になる（精神論や抽象論にならないように配慮する）

8 「弱み」と「脅威」から生まれる戦略…致命傷回避、縮小・撤退する戦略
〈1〉その商材、地域、顧客から上手な撤退や縮小をして、その分を機会（チャンス）に該当する戦略にシフトする事項
〈2〉「選択と集中」という考えから、事業領域、商材、顧客を整理縮小する戦略
〈3〉この事業を続けていくための、絶対必要な致命傷回避対策は何か

9 「弱み」と「機会」から生まれる戦略…2か年計画で改善する戦略
〈1〉機会やチャンスを逃さないために、着手したい考えはあるが、自社の弱みになっているので、2年間くらいで段取りをし、同業他社に追いつく戦略
〈2〉このクロス部分も、戦略的なこと、「何を、どこへ」と、大きな動きが見えること。またある程度の固有名詞が入ったことが戦略になる（精神論や抽象論、戦術論にならないように配慮する）

10 「強み」と「脅威」から生まれる戦略…業界苦境のなかで強みを活かす戦略
〈1〉自社の強みが、今後の脅威とリンクしているので、徹底的に差別化して圧倒的なナンバーワンになるか、または脅威に合わせて、今の強みのエネルギーを違う強みに変えていく戦略
〈2〉圧倒的な差別化を図るなら、「強者の戦略」、「M&A」、「業者との提携」などの規模の戦略が求められる
〈3〉将来の「脅威」を考えると、今の自社の「強み」が仇花になる可能性がある。今の段階で「弱み」を「強み」に変えるべく「業務の抜本見直し」（リエンジニアリング）対象戦略
〈4〉市場自体が縮小や今後も厳しい状況から逃げられないなら、自社の強みを違う方面にシフトするために「縮小する戦略」も含まれる。

― SWOT分析事前説明会　6 ―

4　ヒアリング・質問の仕方でまったく異なるSWOT分析結果

1）参加者の意見を上手に出させる「コーチング質問」

　職員がSWOT分析検討会を進めるとき、こんな質問がよく挙がってくる。

- 「意見を聞いても、途中でまったく黙ってしまい、その後が進めづらい」
- 「4つの窓までは、宿題にしているから発表できるが、クロス分析に入った途端に意見が出ない」
- 「職員である自分にもアイデアはあるが、司会者である自分が言っていいものかどうか迷う」

　SWOT分析に限らず、意見が出ない会議は議論が進めにくいものだ。しかし、司会をする職員側にもこういう反省点はないだろうか。

- 「意見はないですか」「何か、ないですか」のみを連発している
- 「指名だけしている」
- 「意見が出ないので、待っている」　等々

　意見が出るかどうかは、司会者の誘導次第である。司会者が意見を言いやすいようにどこまで誘導できるかを、場数を通じて経験を積み重ねることである。
　どんなに理屈は知っていても、司会能力というものは、頭で考えて

いることと現実は異なることが多い。そこで、司会者が意識してほしいのは、「コーチング質問」と言われるやり方である。

「コーチング質問」とは、相手のちょっとした意見をさらに言いやすくするための誘導や、考えやすいようなヒントを出すことである。

「コーチング質問」の一般的な司会話法を次に述べる。

- 参加者が言った抽象的な表現に対して「それは具体的に言うとどういうことですか」と深く聞く。
- 「例えば、具体的にどういうことがありますか？」と事例を聞き出す。
- 「なるほど、もっとその内容を説明してください」
- 「○さんが言われた△では、どんなことがありましたか？」
- 「例えば、○のようなことを現実的に考えると、どんな具体策がありますか」

「コーチング質問」では、いちばん必要な箇所はクロス分析であることは先にも述べた。今まで、クロス分析の質問については、具体的な誘導方法はなく、司会者の経験と場数次第だったのは否めない事実である。本書では、そのクロス分析で質問しやすくするために、図 II-8 で「SWOT分析　クロス分析の定義と各ゾーンのチェックポイント」（68、69ページ）を整理した。

とにかく、司会者自身がしゃべり過ぎてはいけないが、黙ったままの検討会では、やはり司会者の責任と言われかねない。したがって、クロス分析の質問で困ったら、先ほどのチェックポイントを上手に活用してみることをお奨めする。

2）表現、内容を聞きながら入力（記述）する

　基本的に司会者である職員は司会と書記の双方をやることが望ましい姿である。しかし、慣れない職員は、司会に意識をとられると書記ができず、書記に意識を取られると、司会ができないことは前にも述べた。
　双方ができないなら、書記を誰かにさせてもかまわないから、参加者が意見を言ったときは、その言葉を司会者が整理して、書記者に入力しやすくすることを忘れてはならない。
　例えば、参加者の言っていることは何となく分かるが、どうも文書にできない場合がある。すると、書記はどう入力していいか分からない。そんなとき、司会者がその文書を言い直し、書記が入力しやすい文言に変える。
　実は、これはあまりむずかしくなく、一言、「○○さんの意見は、文章にすると、どう表現しましょうか。主語は○○ですか……」と、意見を言った参加者に答えさせるようにすればよい。

3）クロス分析では抽象的な表現をしない（具体的表現を考えさせる）

　クロス分析が抽象的な表現だと、後々の中期ビジョンや単年度具体策の抽出の際、また繰り返し、そのことについての議論をしなければならず、二度手間である。とにかく、司会も書記も次のステップを意識して、参加者がただ言っているような抽象論をそのまま入力しないようにする。
　司会者がどんなに掘り下げの質問をしても、抽象論しか言えない参加者の意見については、それ以上本人に追求せず、他の参加者に意見

を求めることも重要だ。

　例えば、「○○さんが言った△という考え方ですが、具体的には、どういうことが考えられますか？」と他の人に聞いてみる。もしかしたら、分かりやすく入力しやすい文章を言ってくれるかもしれない。

4）司会は「外部要因」を常にヒントにする

　クロス分析でも、基本的には外部要因である「脅威」や「機会」によって大きく変わる。宿題で出していた外部要因を最初に羅列するが、それだけで外部要因が埋まったわけではない。クロス分析中に、さらに新たな外部要因の脅威や機会が出てくるので、そのつど、「脅威」、「機会」に空欄を設けておき、入力していく。

　筆者の経験から言って、クロス分析中に挙がってくる「脅威」、「機会」のほうが、より戦略に影響を及ぼすことが多い。したがって、クロス分析をしている最中には、司会者は質問や煮詰まったときに視点を変える質問では、外部要因から引っ張ってくるようにする。

5 顧問先を集めたSWOT分析研修会で具体化

1) SWOT分析の提案を行うタイミング

　会計事務所内で何回もSWOT分析と「具体策のある経営計画書」を学習し、自分の事務所でも経験したとしても、どの職員も顧問先でSWOT分析を上手に説得できるものではない。したがって、提案しない職員が担当している顧問先企業では、「知らずに放置している」こともあるのである。

　提案しないということは、顧問先にとっては気付きの機会を与えられないばかりか、「無知」のまま経営を進めていることにもなるのだ。厳しい言い方をすれば、提案しない職員は罪作りでもある。しかし、そういう職員のマンパワーだけを期待しても、事務所としては前進しない。ならばどうするか。

　やはり、セミナーがいちばん理解度を上げるにはピッタリであろう。

　セミナーでは、一般的に経営戦略セミナーの一環として、この「SWOT分析」と「具体策ある経営計画書」をテーマとする。

　ある事務所では、新春の経営戦略セミナーにこのテーマをもっていき、3月決算先へ提案するようにしているところもある。また、その経営戦略セミナーのときに、SWOT分析の入口を紹介し、もっと深く行うために「SWOT分析1日研修や半日研修」の案内も行い、後日、興味をもった参加者を募るという方法をとっている事務所もある。SWOT分析の入口や表面的な知識を紹介するだけなら、2時間程度のセミナーでもかまわない。

　しかし、少しだけ本格的に学習するには、やはり半日とか終日の研

修会スタイルのほうが満足度は高まる。ただ、1日などの長時間をとれる企業が少ないのが難点であり、参加者が限定される傾向は仕方ないが…。

2）SWOT分析研修会の開催概要

　右ページを見ていただきたい。これは、実際に開催したある会計事務所でのSWOT分析研修会の案内文である。

　筆者は会計事務所の要請に応じてこのようなセミナーを年間数回開催している。この研修会では、講師は筆者が直接行なったが、次の年度から所長や職員に講師をしてもらうようにお願いしている。

　この研修会は、できれば経営者1名だけでなく、後継者や幹部も同席していただき、一緒に議論することを目的にしている。研修を通じて、最低でもクロス分析までもっていくのである。この検証過程は、後継者や役員、幹部の教育に大きく貢献する。

　ただ、丸1日を拘束するので、かなり早めにその日には業務を入れないように指導しないと、すぐ日常業務を入れてしまい、研修に参加できないことも多い。参加を説得するときは、「今日の目の前の仕事も大事だが、将来を決めるSWOT分析手法でビジョンづくりをするのは、もっと大事だ」と強く言わないと、こういう検討が苦手な経営者や幹部は逃げる傾向にある。

　1日研修の場合は、昼食代（弁当）、テキスト代込みで、顧問先が10,000円、非顧問先15,000円程度で案内している。ただ顧問先の紹介なら同じ10,000円にしているようだ。また、会場代や講師料を考えれば、仮に10,000円で30名集めてトントンくらいであろうか。

　この研修会自体では収支が合わないことのほうが多い。しかし、その後のフォローでSWOT分析を体験できたり、非顧問先との関係作りができるなど、有形無形の効果があるので、ここでは収益性にこだわ

社長と幹部・後継者が共に話し合い、不透明な将来方針を確定する
SWOT分析　実践作成　1日セミナー

主催：○○税理士事務所

　中小企業の約7割は赤字経営と言われています。来年はさらに景気が後退するなか、「自社のビジョンをどうするか」、「事業・商品・顧客の選択と集中をいかにすべきか」、決めかねている経営者も多いかと思います。そこで私ども○○税理士事務所は、多くの企業の事業判断に効果を発揮している「SWOT分析」を提案します。ただ現状を悲観ばかりしていても何ら前進しません。孫子の「兵法」に「敵を知り、己を知らば、百戦危うからず」とあるように、自社を客観的に分析することで、「自社でもできる戦略と具体策」を抽出し、「迷うことのない方針」をスッキリして出していただくことが重要です。講師は○○○○です。○○○○からは、中小企業のSWOT分析の豊富な実例と、私たち中小企業にも分かりやすく、即実行できる検討方法やフォーム、書き方をご紹介していただきます。この機会に、社長、取締役、後継者の方々もご一緒に勉強され、『勝ち残るためのSWOT分析作成ノウハウ』を学んでいただきたく思います。

　SWOT分析とは、自社の「強み」と「弱み」、外部環境の「機会」と「脅威」を複数の条件で整理し、それぞれがクロスする箇所に「戦略」を見出す「ビジョン整理方法」です。
　この分析手法を通じて、多くの経営者の、事業方針と経営戦略の「迷い」をスッキリさせましょう。

SWOT分析作成1日セミナーのポイント

9:00～10:20	講義	「SWOT分析」の理解と他社SWOTの理解
10:30～12:00	作業	外部の「脅威」「機会」の検討と抽出作業
	作業	内部の「弱み」「強み」の検討と抽出作業
昼食休憩		
13:00～14:40	講義	クロス分析（積極戦略・致命傷回避）の仕方とチェックポイント
	作業	「積極戦略」「致命傷回避・撤退縮小」の具体策の検討
14:50～15:50	講義	クロス分析（改善戦略・差別化戦略）の仕方とチェックポイント
	作業	「改善戦略」「差別化戦略」の具体策の検討
15:50～16:40	講義	クロス戦略から「来年度中」「中期」の取り組み優先度の検討と色分け
	作業	
16:40～17:00		SWOTから、経営計画書の反映のさせ方とシート説明

講師プロフィール

本セミナーの特徴
1. 実際にSWOT分析シートに記入し、帰社後のビジョンや経営計画書に反映させることが可能です。
2. 当事務所職員がマンツーマンで受講者と一緒に分析を考えていきます。
3. 実際のフォームに沿って、受講者が自社の状況に合わせて記入する『体験型研修』です。
4. 作業中は講師がチェックし、個別のアドバイスも行います。
5. 途中段階で終了しても、帰社後に作成が可能であり、また後日当事務所からフォローさせていただきます。

セミナー開催概要

日　時	平成　年　月　日（　）　　午前9：00～午後5：00　途中休憩が複数回
会　場	
募集社数	
参加費用	
お支払い	

受講申込書は、○○税理士事務所までへFAXを　月　日（　）までにお願いします。FAX番号

受講申込書

○○税理士事務所宛

企業名			
受講者名①		受講者役職	
受講者名②		受講者役職	
受講者名③		受講者役職	
所在地		電話番号	
メール		FAX番号	

らないほうがいいかもしれない。

この研修会で「作業」と書いている箇所は、参加者が自らシートに記入する。また、その検討中に会計事務所の職員も同席させるようにしている。顧問先なら担当者が、非顧問先でもあえて同席させるように講師が言うようにしている（講師が言えば、ほとんどの非顧問先は従う）。この同席が後々、大きな意味をもってくる。

3) SWOT分析研修会のメリット

SWOT分析の研修会（1日または半日パターン）は、会計事務所サイドにもいくつかのメリットがある。

第1点目は、前述の研修会作業中の職員の同席により、参加企業の経営課題や外部要因、内部要因を把握できるということである。本来なら毎月監査に行って、顧問先の実状は知っているはずだが、職員によっては、自分の業務だけを行い、顧問先の実状や経営者の悩みを把握していない職員もけっこう多い。そこで、こういう分析に参加すれば、今後の監査での話し方や質問も変わってくるし、提案も出てくるようになる。

SWOT分析は1日ではクロス分析までいかない企業もある。すると、その後のフォローは担当職員が監査時に行ってもらう形になる。せっかくSWOTを議論して途中まで作成したのに、その後のフォローをしなければ研修参加の意味もなくなってしまう。

そこで、セミナー時に「職員がお手伝いして、クロス分析の結果や体系図を書いてもらいます」と、職員にも結果への責任を与える。

したがって第2点目のメリットは、否が応でも職員は、経営者と経営課題を一緒に話し合わねばならないようにすることで、研修のしっ放しにはならないことである。

第3点目は、非顧問先でも、作業中は職員に同席してもらうので、

研修後のフォローがしやすいということである。いろいろなセミナーを会計事務所が行い、そのつど新たな企業が参加する。しかし、その参加した非顧問先をどうしているだろうか？

セミナー後に1回くらいは面談しているかもしれないが、おそらくその後のフォローはないようだ。この研修会では、非顧問先もSWOT分析するので、それを少しでも仕上げるために、同席した職員は、フォローしなければならない。研修会中に一生懸命その企業のために考える姿勢があれば、相手は喜んでアポイントを受け、フォロー面談に応じるはずである。

話は飛ぶが、こういうセミナーに一見客として参加した非顧問先を、どう次の見込み先にするかは、会計事務所にとっては重要な顧問先開拓対策である。実は、今回執筆していただいた馬服会計事務所も山之内会計事務所も、ある同じ戦略を導入している。

新規の一見客がすぐ顧問先にならない現状では、「つなぐ対策」が必要である。その「つなぎ」に両事務所とも、セミナー会員制度を設け、まずは低価格のセミナー会員になってもらい、今後も継続的にお付き合いする大義名分としている。詳細は両事務所の取り組みの項でご紹介する。

いわゆる、職員も同席したセミナーで一緒に考えた経営戦略を、その後もフォローする姿勢は、明らかに他の事務所と比較して差別化になる。

第4点目のメリットは、顧問先も非顧問先も、作業中に「経営計画書作成の意思」が確認できることである。ある意味では、このSWOT分析が「具体策のある経営計画書の必要性」に火をつける形になっていくのである。「経営計画書作成の意思」が分かれば、後はその指導が有料か無料かだけの問題であり、計画書は事実上、踏み出したことになる。

職員の百の説得よりも、手早く、誤解も招かないという点では、セミナーはたいへん有効である。

4）年間2回はSWOT分析または経営計画書作成1日研修を企画

　筆者は、お付き合いしている会計事務所に対して、「最低でも年2回は、SWOT分析や経営計画書のセミナーをしましょう」と提案している。毎年、同じ内容でもかまわない。参加者から「また、同じ内容だね」と言われても、続けることが肝要である。なぜなら、毎回、同じ参加者ばかりではなく、少しずつ新たな参加者もいるし、前回のセミナーではニーズはなかったが、今回はニーズが出たというケースもある。

　毎年行うことで定例化すれば、職員の場数も増え、講師経験も可能になる。そして、SWOT分析や「具体策のある経営計画書」の指導経験が増えることで、説得力も自信も増してくる。

　非顧問先が受講して、指導経験の豊富な職員が複数いれば、「この事務所は、今のうちの税理士事務所とは違う。そのうちに乗り換えよう」などと思われる可能性も十分にある。実際に、非顧問先の後継者へ、税務顧問の売り込みではなく、SWOT分析や経営計画書の提案をしていたある事務所の職員は、その後継者が代表になった時点で、税務顧問の依頼を正式に受けたという事例もある。

　実際に筆者がお手伝いさせていただいている会計事務所では、初年度は筆者が講師となり、テキストから資料類、進め方を見せるが、2回目、3回目となるにつれて、筆者の参加度合いは少なくなり、事務所主体で進めるようにしている。その場合もテキストは基本的には1回目のものを修正しながら使用してもらっている。

V 会計事務所のSWOT分析と付加価値実践実例

1 SWOT分析から経営計画までの取り組み①
（馬服税理士事務所）

1）なぜ、SWOT分析と所内経営計画書を作成したか？

業務の差別化としてSWOT分析の導入を決める

　筆者は、宮崎県の北部に位置する延岡という人口13万人強の地域で、会計事務所を営んでいる。職員数は16名、会計事務所としては中堅規模ではないだろうか。

　会計事務所として、日頃から、もっと付加価値の高い業務を顧問先へ提供できないかということを課題として抱えていた。

　3年ほど前、福岡で開催されている会計事務所の職員を対象とした「経営実務監査セミナー（現・付加価値実践塾）」に、当事務所の職員2名が参加し、そこで2年間勉強した。参加した職員から、「研修を受けた自分たちだけでは、事務所全体に徹底し浸透させることができない。全員が同じ研修を受けるべきである」という提案が上がってきた。延岡から福岡までは片道4時間以上かかり、全員参加するには時間的にも肉体的にも、また経済的にも負担が大きい。

　そこで、そのセミナーの講師をされていた本書の共著者である嶋田利広氏に当事務所に来ていただき、全職員で研修を行うようになった。実は、当初は「職員のスキルアップになればよい」という程度に考えていたが、実際にSWOT分析や他社の経営計画書の作成プロセスやその内容を学習するうちに、「これを職員が顧問先に実践できれば、業務の差別化になる」と考えるようになった。

　まずは、「自事務所でSWOT分析と具体策のある経営計画書の作成を経験することが重要」と考え、嶋田氏の指導のもと、事務所のSWOT

分析に取り組み、経営計画書の作成を行った。

　筆者の事務所は、いわゆる会計事務所としての業務品質については、巡回監査率は95％をキープし、月次決算と書面添付による適正申告、決算対策、短期経営計画策定支援等の面では、かなりのレベルであると自負している。しかし、「もう少し突っ込んだ経営者への提案」という点では、これまでは不足感があったことは否めない。そういう意味で、SWOT分析と「具体策のある経営計画書」の自らの事務所での経験は、顧問先へ提案する前に是非とも必要な作業であった。

　事務所のSWOT分析や「具体策のある経営計画書」の作成を全員が経験したことで、職員に共通の成功イメージが沸いたようである。
「経験は『百の座学』よりも効果が大きい」、これがSWOT分析の導入を通じて得た結論である。

2） SWOT分析と所内経営計画書作成のポイント

SWOT分析を職員全員で共有することの大切さ

　当事務所では、毎月1回、全職員参加による終日研修会で、SWOT分析から経営計画書の作成を行った。

　まずは、嶋田氏から他社のSWOT分析や他の経営計画書作成の実例や進め方を説明してもらい、何となくイメージはつかむことができた。

　SWOT分析の「脅威」と「機会」については、複数の会計事務所の事例を紹介してもらい、それを参考にした。当事務所の問題や課題は、紹介してもらった他の事務所とほとんど共通しているようであった。

　「弱み」と「強み」については、以前に当事務所内で分析を行っていたので、それをベースにした。

　「脅威」については、職員からの意見が少なく、筆者の意見が主体になることもしばしばであったが、それでも徐々に活発な意見が出てきて、4つの窓を埋める作業は決してむずかしいものではなかった。

問題は、クロス分析だった。日頃からマトリックスで分析検討する習慣がない職員からは、なかなか意見が出てこない。司会推進をしていた嶋田氏も、答えを言いたくて仕方なかったように思う。
　しかし、嶋田氏はそれを我慢して、コーチング手法により質問を繰り返しながら、少しずつ職員の意見を導き出していった。
　このクロス分析の結果、「機会」と「強み」の「積極戦略ゾーン」では、「相続税の情報発信と生前贈与の提案」や「後継者の組織化」、そして「銀行が評価しかつ黒字化対策の入った経営計画書の作成支援」などが生まれた。
　次に「脅威」と「弱み」の「致命傷回避撤退縮小ゾーン」では、「金融機関からの顧問先紹介が少ないことは放置できない」という認識に立ち、「銀行と接点をもつためのセミナーの企画と銀行への講師依頼」という具体策が生まれた。
　さらに、今まで顧問先拡大を積極的に行なってこなかったので、顧問先拡大にテーマを絞って議論した。ここでの議論が、後述の「セミナー会員制度」へと発展していった。
　次に「機会」と「弱み」の「改善戦略ゾーン」では、「見えるツール」を開発し、これによる事務所のPRやセミナーを「小規模でよいから多頻度に開催する」等の意見が挙がった。
　「強み」と「脅威」の「差別化戦略ゾーン」では、ホームページ活用戦略や、経営計画書支援や会議指導などの高付加価値サービスメニューの具体化や有料化も検討した。
　SWOT分析のクロス分析では、今後どんな戦略や対策が必要であるか、イメージは所長と職員全員で共有化できた。

体系図を用いて具体的な目標を落とし込む

　次の作業が「体系図」であった。ここで事務所としての明確な中期方針や中期計画を明示しなければならなかった。嶋田氏からの「3年後には、何件の顧問先を目標にするのか」、「商材別にどういう売上をす

るか」等の問いかけに対して、全員で検討した。

　顧問先件数も商材別売上も、職員の意見を聞いた後、筆者の意見を若干加味し、目標値を決めた。さらに、各課での目標設定も行った。

　基本的には各人の目標値と各課の目標値を、自己申告により決定したが、新規獲得件数や経営計画作成支援件数などが、具体的に数値目標として思った以上に積極的にかつスムーズに決定された。

　そして、それだけではなく、それらの目標を実現させるためのプロセス目標も設定された。プロセス目標とは、数値目標を実現させるための行動プロセスをさらに数値目標化したものである。例えば、関与先への会議指導の実施件数や、事業承継の提案件数などがそれである。この件数が増えれば、数値目標の達成も近くなる。

　そうすると、関与先企業に対する保険指導（企業防衛保険）でも、TKC戦略財務システム導入件数でも、顧問先数拡大がなければ目標は達成できない。しかし、顧問先件数がこちらの都合だけで増えるはずもなく、中期目標で数十件の増加と掲げても、具体策がなければ実現は不可能である。

　「目標はあって、対策がない」中小企業は多くあるが、会計事務所が同じような轍を踏むわけにはいかない。

具体策のある経営計画書を作成する

　体系図を作成後、次に単年度の経営計画書を作成した。これは「具体策のある経営計画書」になった。この計画書は、本書のⅣ章で説明したような流れで作成した。

　四分の一半期実行計画書では、各対策とその段取りを具体的に決めなければならない。そうすると、何でも当初の四分の一半期中に実行プランを入れてしまいがちであったので、現実的な実行可能性を考え、必要な対策は最初の6か月間（上半期中）にスケジュール化するようにした。

　実行期限は簡単に決められるが、それを実現するには、行動計画が

なければ成果は出ない。この「四分の一半期行動計画」では、行動内容や期限を具体的に決定した。これにより、実行可能性が高くなった。

セミナー会員制度で顧客との接点を継続して創る！

　顧問先拡大の仕掛けはどうあるべきかを考えるなかで、「セミナーの有効活用」というキーワードが浮上してきた。セミナーの開催が関与先企業から求められていることは、職員はみな理解しているし、会計事務所主催のセミナーがこの地域では、そう頻繁に行われていないこともわかっている。また、多くのセミナーが経営者向けであり、社員の人材育成という視点でのセミナーが少ないのも実態である。

　これまでのように、セミナーを単発的に行うのではなく、継続的・常設的に行うことにより、「あの会計事務所は、いつも関与先向けセミナーを行っている」というイメージを定着させることができたら、それはいずれ関与先拡大につながり、少なくともそのきっかけになるのではないか、との議論が起こった。

　そして、活発な議論の末、「セミナー会員制度」が生まれた。これは、顧問先や地元の非顧問先企業あるいは金融機関を会員化し、具体的には、年間に20回前後の経営者向け・管理者向け・社員向けのセミナーを企画し、当事務所の会議室で勉強会を行うというものである。

　問題は勉強会のテーマである。職員には、専門のコンサルタントのような講演力があるわけではない。税務や会計のテーマ以外は正直、苦手という意識もある。しかし、テキストがあれば、それを受講者と読み合わせし、実務のなかで得た関与先指導の体験を語っていくことで、十分な教育機会になると判断し、職員中心でセミナーを実施できる企画を検討した。

　勉強会の内容は、エクセルセミナーや簿記3級セミナー、クレーム処理セミナー、資金繰りセミナー、決算書の見方セミナー、電話応対セミナー、幹部の職務責任セミナー等、多岐に渡っている。このようなセミナー会員を1企業年会費1万円で募集した。

セミナー会員制度は、「カレッジひむか」と命名した。「ひむか」は「日向」、すなわち「宮崎」という地名の昔の呼び名である。
　毎月のセミナーの集客がうまくできるか、懸念があるというのが本音だった。しかし、少人数でも、やり続けることが大事であると腹をくくり、会員募集を開始した。
　このような会員制のセミナー開催という戦略や対策が生まれてきたのも、SWOT分析の経験によるものであり、その有効性は職員全員が身をもって体験できたようである。

　これまで、どちらかというと所長主導で作成していた経営計画書であったが、今回初めて全職員が参加し、SWOT分析で意見を出し合い、みんなで作成した経営計画書を、簡単ではあるが冊子化し、それをもとに事務所内で経営計画発表会を行った。
　この経営計画発表会の目的は、事務所の経営計画書ができたことについての、事務所内でのケジメであると同時に、顧問先向けの要素もある。顧問先に経営計画書作成支援する場合においても、この経営計画発表会が、事務所が提供する付加価値の一環であることを職員にきちんと説明し、あらかじめ嶋田氏から用意されていた司会者マニュアルに沿って進めていった。
　式次第は本書に書かれているとおりである。
　終わった後の幹部の感想では、「ああいうケジメある雰囲気はよかった」、「顧問先の経営者もああいう発表会を事務所が運営してくれるなら、喜んでもらえる」等々、初めての体験で、多少の緊張感はあったようではあるが、みな肯定的な意見であった。

3） 戦略的な取り組み事例

　当事務所では、「真心をもって関与先企業の存続と発展に全力を尽くす」という経営理念の基、長年地域の中小企業の支援をしている。
　この経営理念をさらに具体的にアクションするために、今回のようなSWOT分析や経営計画書を作成し、「顧問先の真のパートナーとして、経営改善の支援に具体的に取り組む」ことのメニューを用意した。それも、本などで得た単なる能書きのノウハウではなく、事務所で体験し、構築したノウハウを、顧問先に提供できるようになった。
　当事務所の経営計画書にも記載されているが、今後の顧問先への具体的な支援内容として、「経営計画書の支援」とそれを随時確認指導する「会議指導」がある。「経営計画書の支援」とは、本書で指摘しているような「具体策のある経営計画書」を、顧問先と一緒に作成するということだ。顧問先の経営者に少しでも理解を促すためにも、SWOT分析セミナーや経営計画書作成セミナーと連動して、より多くの顧問先の「具体策づくり」とその「見える化」に貢献するつもりである。
　「会議指導」では、単に数値計画の予実チェックに留まらず、顧問先と一緒に作成した「具体策のある経営計画書」の実行状況をチェックし、その後の行動予定まで一緒に検討する事を目指している。
　「経営計画書」と「会議指導」は、「決めたことを決めたように実行する」ための車の両輪みたいなものだと考えている。
　この経営計画書作成後、職員の意識の変化も顕著になり、積極的に顧問先へ「経営計画書」の提案をしているようである。近い将来、多くの顧問先において、経営計画書作成支援や会議指導がスタンダードになっていくことを願っている。

　事務所の付加価値を分かりやすい形で顧問先に提供し、その結果、事務所の能力と生産性を上げることが、筆者が目指す方向である。

「顧問先が喜び」、「職員の能力と収入が伸び」、「活気ある事務所経営」という「三方良し」の経営を推進するには、現時点ではこういうやり方が当事務所にあっているのだと思う。
　これからも、ますます顧問先の経営改善につながる積極的な提案や具体的なアクションを行い、地域の中小企業に「なくてはならない存在感のある会計事務所」を目指して邁進していきたいと考えている。

2 SWOT分析から経営計画までの取り組み②
（山之内税理士事務所）

1） なぜ、SWOT分析と所内経営計画書を作成したか？

　当事務所は鹿児島を中心に顧問先の支援をさせていただいている職員数15名の会計事務所である。筆者がこういうことを申し上げるのはどうかとも思うが、当事務所の職員は顧問先に対する思い入れ、仕事への姿勢については、かなりの水準だと思う。また、企業防衛保険の提案についても、そこそこの結果も残せ、いろいろ仕事が多いなかでも、奮闘努力しているほうだとも感じている。

　しかし、それだけではこれからの会計事務所の存在価値を認めてもらうことができないと日頃から考えているのも事実である。「そこそこ」ではなく、「何を徹底してやって、顧問先に喜ばれなければならないか。何を事務所の強みとして打ち出すか」は、多くの会計事務所の永遠のテーマではないだろうか。

自分たちで経験しないと分からない

　本書の共著者であるRE-経営の嶋田利広氏とは、もう10年来の付き合いで、当事務所の職員教育やセミナー講師、顧問先のコンサルティング支援でお世話になっている関係もあり、これまでも会計事務所のあるべき姿について一緒にいろいろと考えきた。

　嶋田氏からいつも言われていたのが「これからの会計事務所は、具体策のある経営計画書の作成を支援すべきだ」ということだった。当事務所も少なからず挑戦はしていたのだが、なかなか思うように進まないというのが実状だった。

そこで、筆者も職員もその原因を考え、ある結論に達した。それは、「顧問先に提案する前に、自分の事務所で経験しないと、身体ではわからない。まずは自事務所でやってみるべきでは…」ということであった。

　それから、まずは本書のテーマである「SWOT分析」を事務所で経験することにした。もともとSWOT分析には「自事務所の方針や戦略、具体策を捻出するための目的」と、「顧問先へSWOT分析を提案するための学習」という2つの目的があった。

　正直な話、SWOT分析をしている最中は、顧問先のための学習という客観的な取り組み方ではなく、自事務所の分析だけに意識を奪われていた職員も少なくなかったようだ。しかし、それでも経験は本当に大事だと痛感したのは、その後、数名の職員がSWOT分析を顧問先で行い、またその一部は顧問先から評価されて別途の指導料もいただくこともできたからだ。

「体得の実学」によって反復学習

　次にSWOT分析後に、事務所の中期ビジョンや単年度の実行計画書の作成を行った。その内容は本書で指摘されているフォームや流れに沿って進めた。まだまだ、「決まったことが確実に実行できるレベル」にまでは至っていない部分もあるが、少しずつ、動き出したという感覚はある。

　実際の事務所の経営計画書では、顧問先の開拓目標や開拓のための仕掛けや準備、そのための顧問先満足度の具体化目標が設定されている。

　「書面添付率」、「巡回監査率」、「決算日数」、「継続MAS実施率」等の品質目標は、これまでも毎年の目標になっていたが、より具体的に生産性目標とその実行対策を詳細に議論するようになった。職員においても、そういう取り組み経験が顧問先の現場での提案に活かされることを期待している。

とにかく、こういう作業を通じても、職員の意識を変えることはいつもながら、非常にむずかしいと痛感している。意識改革というものは勉強会だけの「座学」ではなかなか前進しないが、事務所での体験という「体得の実学」を反復して経験すれば、徐々に進行していくように思われる。

まだ、当事務所が弱いのは、ご他聞に漏れず、やはりチェック機能である。これは管理者の責任である。そこで、なるべく掲示したり、朝礼や定例会の時間を活用して、「見える化」も進めている。

2）SWOT分析と所内経営計画書作成のポイント

この分野を強化しなければ差別化できない

職員全員参加を基本にSWOT分析から所内経営計画書の作成を行った。嶋田氏の指導により、作成期間は、月1回、土曜日の午後の半日を使った。期間的には4か月（4回の研修）で作成した。

まず、当事務所のSWOT分析での「4つ窓」については、会計事務所としては一般的な内容だったと思う。司会の誘導で職員の意見を中心に各窓を記入し、基本的に職員の意見が出尽くすまで、筆者自身の意見は差し控えるようにした。

そして、どうしても抜け落ちている箇所のみ、事務所の責任者としての筆者の意見を述べ、各窓に入力してもらった。

内部要因である「強み」、「弱み」は職員の意見である程度網羅できたが、外部要因である「脅威」、「機会」では、職員の意見は少なく、マーケティング感覚に乏しいという現実を知ることになった。

筆者のような事務所経営者に比べ、税理士事務所全般を俯瞰してみる習慣がない職員にとっては、あまり思いつかなかったのかもしれない。したがって、この部分は、筆者主導の意見がどうしても多くなっていった。

4つの窓が生まれたら、その後はクロス分析に入った。クロス分析では、まず「積極戦略ゾーン」から検討に入り、いろいろな意見が出た。「強み」と「機会」の戦略だから、もともと実績の多い「相続税」の業務をさらにピーアールするための企画対策や、金融機関との付き合いが多いことを活かした連携策が決まった。実際に、単年度の実行計画では、地域金融機関の上層部を招いたセミナーを開催したり、特定地域の支店の支店長への定期アプローチが実行に移された。

　「弱み」と「機会」の改善戦略では、「経営計画書に強い事務所」の方針を明記した。本書でも指摘されている「具体策のある経営計画書の支援」が弱いのに、経営者のニーズはますます高まるという現状認識を基に「この分野を強化しなければ差別化できない」と、職員の理解も進んだと思う。

　後述するが、実際にその後の指導もあり、「鹿児島でナンバーワンの経営計画書指導の実績のある事務所を目指す」という方針のもと、現在に至っている。

SWOT分析浸透のために経営計画発表会を活用する

　SWOT分析の後に、経営計画書の作成に入った。経営計画書では、SWOT分析を基に中期ビジョンや中期の数値目標を設定し、特に「経営計画書作成支援」では、「月次顧問先のうち30％の顧問先に行う」という、野心的な目標を設定した。

　次に、中期数値と単年度の収支目標を設定した。これは商材ごとの目標金額を設定し、やはり事務所の大方針である「新規顧問先の開拓」の件数目標を決め、各課の目標でもそれを反映してもらった。新規の顧問先開拓を目標どおり行うには、今までのようにただ待つだけでは結果は出ない。そこで、セミナーの多頻度開催や、決算報告会での銀行招聘、経営計画発表会での仕入先、銀行、社長人脈招聘を事務所主導で行うことができる顧問先から実行するようにしている。

　経営計画書の第一段階が作成完了後、全員にプリントアウトして冊

子にし、それを基に所内の「経営計画発表会」を実施した。これも、本書の指摘どおり、「経営計画発表会」も顧問先へのサービスの一環であることを認識させるためだ。

　冊子化した理由は他にもある。「経営計画書とは具体的にこういうものだ」と、顧問先にも実物を理解してもらうためである（実際には、事務所の経営計画書を見せることはせず、雛形とサンプルの経営計画書を顧問先には見せて提案している）。

　「経営計画発表会」では、事前に司会者マニュアルがコンサルタントより配布され、司会者がそれに沿って行った。職員代表宣誓も行った。ピリッと引き締まった雰囲気のなかで、職員の多くが緊張感をもって参加していたようだ。発表会後の感想でも「こういう緊張感のある発表会はいいですね」という声も聞かれた。

　この所内発表会の経験がその後、顧問先の経営計画発表会の指導につながっていったようだ。とにかく、「自事務所で経験したことを顧問先に提案する」ことが大いに重要であり、職員にも分かりやすいようだ。その結果、積極的に顧問先へ提案する職員が増えていっているのだと思う。

3）戦略的な取り組み事例

参加企業と一緒にSWOT分析を進める

　先ほども述べたように、当事務所は「鹿児島でナンバーワンの経営計画書支援事務所を目指す」という思いをもっている。実際に、複数の職員による提案で、SWOT分析、経営計画書作成後、「SWOT分析の指導」、「経営計画書の作成指導」が当たり前のように毎月報告されるようになってきた。特に、まだ経験の少ない若手や中堅から積極的な提案事例が増えており、それに刺激されてベテランも少しずつ、事例づくりへ向けて行動を起こしているようだ。

ある顧問先では、当事務所の職員が司会を行い、顧問先の取引銀行、仕入先を招いて、「経営計画発表会」を開催した。経営計画書は、事務所の女性職員が基本どおりに作成し、顧問先経営者からもたいへん喜ばれ、本人も自信をもったようだ。
　このSWOT分析を当事務所の付加価値とするために、今年の春に嶋田氏に講師をお願いして「SWOT分析半日研修会」も開催した。これには、顧問先と非顧問先にも参加していただき、本書で紹介されているような目的と研修内容とその流れに沿って行った。
　参加企業と職員が一緒にSWOT分析をすることで、実状も見えてきて、その後のフォローでもSWOT分析の提案がしやすくなった。

会計事務所としての付加価値を提案

　SWOT分析や経営計画書のセミナーを行うようになり、それなりにセミナーが事務所の一つの付加価値として認識されつつあるのではと感じている。こういうセミナーを戦略的に活用していくために、事務所としての仕組みを再構築している最中である。その一つが、「経創ビジネスアカデミー」というセミナー会員制度の運営である。
　「経創」とは、当事務所の別会社で、ISOや人事等の経営コンサルティングをしている部門である。今までも新規の非顧問先がセミナーには参加していた。しかし残念なことに、それを継続フォローして、そこから当事務所の顧問先につながっていく事例が少なかった。せっかく、新たな出会いがあったのに、セミナー後に一度だけ面談し、その後は1年間くらいの事務所情報を郵送で提供するのみだった。何とかしたいと思っていたが、これといった具体策もなく、こちらが仕掛ける顧問先拡大の糸口はつかめないでいた。
　このセミナー会員制度は、SWOT分析時ではなく、二回目の経営計画書作成後の定期チェック時に、コンサルタントの意見や職員の意見を練って生まれたノウハウである。セミナー自体はどこでもやっているし、無料セミナーも多い。しかし、その多くが、経営者向けであり、

中小企業の一般社員が参加するものは皆無に等しい。

　そこで当事務所では、「中小企業の社員教育の一翼を担う」ことを目的に、年間20回前後の勉強会をスケジュール化した。当事務所の規模で年間20回のセミナーは決して楽ではないが、それ以上に顧問先や会員企業の社員教育の機会を増やしたいという思いから頑張っていくつもりである。

　この勉強会は、筆者や外部講師だけでなく、当事務所の職員も1人平均2回の担当をもち、セミナー案内からテキストも作成する。セミナーは経営者向け以上に、一般社員向けのタイトルを豊富に用意し、会員が都合で参加できなくても、テキストをお渡しし、希望者には有料で録音CDもお渡しする。わずか1万円程度の年会費で、一般の社員セミナー（3,000円／人）、経営セミナー（5000〜10,000円／人）も、オール1000円／人で参加できるというものだ。

　会計事務所としての付加価値のなかに、「中小企業では、したくてもなかなかできない社員教育」に具体的に貢献することを追加した仕組みである。

　事務所のSWOT分析から、経営計画書の作成とチェックを通じて、このようないろいろな取り組みが生まれてきていることが当事務所の大きな変化だと思う。なかなか比較はできないが、鹿児島において、この1年間でのSWOT分析や具体策のある経営計画書の指導実績では、トップレベルだと自負している。

　今後も、事務所で経験しているノウハウを、顧問先や非顧問先の中小企業のために、惜しみなく発揮していければと思っている。

あとがき

　SWOT分析は、経営者が判断すべき時に客観的な判断の物差しを与えてくれる非常に有効なツールである。しかし、過度な期待は禁物である。本文でも述べたとおり、SWOT分析が教えてくれるのは、「今まで気づかなかった戦略の発見」というものではない。何となく経営者の頭にはあったが、整理されていなかったことが明確になる、そういうことに主眼を置いたものだ。

　孫子の兵法でよく引用される格言に「敵を知り己を知れば、百戦して危うからず」がある。SWOT分析は、まさにそのことを言っているのである。

　頭では分かっていても、経営者に「疲れ」と「焦り」が生じると大きく判断を間違えることがある。その結果、SWOT分析においても自分に都合のよい解釈で戦略を構築する人が出てくる。これはまことに危険なことだ。だからこそ、SWOT分析にはニュートラルな立場で意見が言える行司役・参謀役が必要なのである。

　その役割を果たすのが本書でも指摘している会計事務所であり、場合によっては金融機関の担当者であろう。

　本書を執筆中、複数の会計事務所向け経営戦略セミナーの講師として講演を行う機会があった。講演のタイトルは、『SWOT分析が閉塞感打破の経営戦略と実現可能な具体策を創る』である。「閉塞感」とはまさに現在の経営環境を指している。「本業不振」からどんな打開策を打ち出せるか、SWOT分析を通じた経営判断の方法を提案させていただいた。

　このセミナーでも述べたことだが、本業が厳しくなると、新規事業や新規商材に安易に取り組み、火傷を大きくする中小企業がけっこう多い。

「儲かりそうだから」、「今なら権利金も少ないから」、「この地域では誰もやっていないから」、「今契約しないと他社に話しが流れるから」…など、さも新規商材が福音のように聞こえてくる。しかし新規商材にはリスクもあり、資金も根性も必要である。新規商材においても分かる範囲でSWOT分析をしてから、「本当に自社が取り組むべき商材かどうか」を判断してほしい。

会計事務所職員や金融機関の営業担当者が「SWOT分析」という手法をある程度理解していれば、上記のような新規事業参入の話を聞いた時点で、適切なアドバイスや提案ができるはずだ。また、一緒に新規商材のSWOT分析を行うことで自分にとってのキャリアプラスにもなるだろう。

筆者が支援させていただいている会計事務所では、職員がSWOT分析を顧問先と一緒に作成して、「評価された」事例がよく報告されるようになってきた。

本書を読まれた会計事務所や金融機関の担当者には、ぜひともSWOT分析というツールを顧問先、顧客のために役立て、「経営者の判断」の手助けをしていただきたいものである。

2009年11月　　　　　　　　　　　　　　　　　　　　　　　嶋田 利広

《著者略歴》

嶋田　利広（しまだ・としひろ）
㈱アールイー経営代表取締役。
1962年、大分県日田市生まれ。熊本商科大学卒。中堅コンサルタント会社にて取締役を最後に1999年に独立、㈲アールイー経営を設立。コンサルタント歴は25年に及ぶ。主に九州内の中小企業、病院、介護施設への経営コンサルティングと教育研修、講演を行う。また、20年にわたって約30の会計事務所のコンサルティングや職員教育を実施。指導の「分かりやすさ」と「定着化させる仕組みづくり」については定評があり、長期の経営顧問が多いのが特徴である。九州地区において延べ55の会計事務所職員が研修を受ける「付加価値塾」のメイン講師を務めている。
著作に『新幹部の条件』、『デフレ時代の減収創益経営（共著）』、『SWOT分析による経営改善計画書作成マニュアル（共著）』（以上、マネジメント社）、『人件費の構造改革で会社は蘇る』、『医療法人社会福祉法人の組織改革・経営改革実践実例マニュアル（共著）』（以上、評言社）など多数。
〈連絡先〉
〒860-0833　熊本県熊本市平成3-9-20 2F
TEL：096-334-5777
メール：consult@re-keiei.com
URL　http://www.re-keiei.com/

馬服　一生（まばら・かずお）
税理士、馬服一生税理士事務所所長。
1947年、宮崎県延岡市生まれ。大分大学経済学部卒。馬服健一税理士事務所に入所後、1991年、馬服一生税理士事務所を開設し、現在に至る。「バランス感覚を大事に」をモットーに、顧問先の経営力向上や事務所の運営に取り組む。また、TKC全国会巡回監査書面添付委員会委員長、TKC全国会会計参与支援プロジェクトリーダーを歴任。
著作に『税のしるべ』12回シリーズ『書面添付制度の社会的役割とその活用方法』やTKC会報では『巡回監査の果たすべき役割』、月刊誌TKC経営戦略者では『会計参与は会社を変えるか！』、『適正申告の証「書面添付制度」』など多数執筆。
行政書士、日本医業経営コンサルタント協会会員、日本ITコーディネータ協会会員。
連絡先
〒882-0816　宮崎県延岡市桜小路361-8
TEL：0982-21-1238
メール：mabara-issei@tkcnf.or.jp
URL　http://www.mabara-kaikei.com/pc/

山之内浩明（やまのうち・ひろあき）
税理士、山之内素明税理士事務所副所長。
1961年、鹿児島市生まれ。日本大学商学部卒。1988年、吉田篤生税理士事務所入所。その後、山之内素明事務所入所、副所長として現在に至る。TKCの理念である「自利利他」を自らの座右の銘に顧問先経営者へ直接経営指導を行う。TKC鹿児島支部副支部長、TKC全国会システム委員会、FXSX小委員会委員長、TKC九州会システム委員長を歴任。
著作に『わかる財務三表できる経営助言』（TKC出版）がある。
〈連絡先〉
〒890-0054　鹿児島県鹿児島市荒田1-18-5
TEL：099-253-0777
メール：yamanouchi-office@tkcnf.or.jp
URL　http://www.yamanouchi-zeirishijimusho.com/pc/

中小企業のSWOT分析
会計事務所とつくるノウハウと実例

2009年 11月 20日　初 版　第 1 刷発行
2011年　5月 30日　　　　　第 2 刷発行

著　者　嶋田利広／馬服一生／山之内浩明
発行者　安田喜根
発行所　㈱マネジメント社

〒101-0052　東京都千代田区神田小川町2-3-13
　　　　　電話：03-5280-2530　FAX：03-5280-2533
　　　　　http://www.mgt-pb.co.jp

印　刷　モリモト印刷株式会社

©Toshihiro Shimada, Kazuo Mabara, Hiroaki Yamanouchi
2009 Printed in Japan
ISBN978-4-8378-0458-1　C3034

本書の無断複写・複製は、特定の場合を除き、著作者・出版社の権利侵害になります。
乱丁・落丁はお取り替えします。